FaltenReich – Vom Älterwerden in der Welt

imbued
-2318   -3rd Ergo

PD -78

FaltenReich
Vom Älterwerden in der Welt

Geographisches Institut
der Universität Kiel

herausgegeben von Carolin Kollewe und Karsten Jahnke
Begleitbuch zur Sonderausstellung
im GRASSI Museum für Völkerkunde zu Leipzig
vom 19.3. bis 4.10.2009

Geographisches Institut
der Universität Kiel
ausgesonderte Dublette

GRASSI MUSEUM FÜR VÖLKERKUNDE ZU LEIPZIG

Staatliche Ethnographische Sammlungen Sachsen

Inv.-Nr 05/A41242

Impressum Ausstellung

Sonderausstellung
»FaltenReich – Vom Älterwerden in der Welt«
im GRASSI Museum für Völkerkunde zu Leipzig
Staatliche Ethnographische Sammlungen Sachsen
19. März bis 4. Oktober 2009

Schirmherrin der Ausstellung:
Ursula von der Leyen,
Bundesministerin für Familie, Senioren,
Frauen und Jugend

Idee und wissenschaftliche Projektleitung:
Dr. Carolin Kollewe

Konzeption:
Dr. Carolin Kollewe
Karsten Jahnke

© Staatliche Ethnographische Sammlungen Sachsen

wissenschaftliche Mitarbeit:
Leberecht Funk
Karsten Jahnke
Birgit Kertscher
Dr. Carolin Kollewe
Petra Martin

Presse- und Öffentlichkeitsarbeit:
Ute Uhlemann

Museumspädagogik und Begleitprogramm:
Christine Schlott

Restaurierung:
Ulrike Brichzin
Barbara Fölber
Gunter Jentzsch
Christine Müller-Radloff
Annemarie Wilde

Praktikantinnen / Praktikanten:
Alice Hantschick
Sindy Holmbach
Andrē Solf
Sarah Thieme
Stefanie Wohlfahrt
David Zemanek

Ausstellungsgestaltung und Grafikdesign:
Gourdin & Müller
in Zusammenarbeit mit Antje Kolm und
Alexander Müller, büro international berlin

Lichtkonzept:
Ringo T. Fischer Lichtdesign

Licht- und Objekteinrichtung:
Wolfgang Bytomski
Benno Griesel
Karsten Pfau

Herstellung:
COD-Design Innenbau & Design GmbH

Gefördert durch:

Bundesministerium für Familie, Senioren, Frauen und Jugend

ALFRED TOEPFER STIFTUNG F.V.S.

alpha 2000 IT mit System

Robert Bosch Stiftung

Impressum Begleitbuch

Begleitbuch zur Sonderausstellung
»FaltenReich – Vom Älterwerden in der Welt«
im GRASSI Museum für Völkerkunde zu Leipzig
Staatliche Ethnographische Sammlungen Sachsen
19. März bis 4. Oktober 2009

Schirmherrin der Ausstellung:
Ursula von der Leyen,
Bundesministerin für Familie, Senioren,
Frauen und Jugend

Herausgeber:
Carolin Kollewe
Karsten Jahnke

© 2009 Staatliche Ethnographische
Sammlungen Sachsen (SES)

Redaktion:
Carolin Kollewe
Karsten Jahnke
Stephan Augustin

Bildredaktion:
Birgit Kertscher

Bildtexte:
Carolin Kollewe und Karsten Jahnke
sowie Leberecht Funk (China),
Birgit Kertscher (Westafrika)
und Petra Martin (Indonesien)

Umschlagsgestaltung:
Gourdin & Müller
in Zusammenarbeit mit Alexander Müller,
büro international berlin

Fotos auf der Umschlagseite:
Steffen Junghans und Gabor Dvornik

Druck:
Gustav Winter
Druckerei und Verlagsgesellschaft mbH, Herrnhut
Layout: Peter Scholz

ISBN 978-3-910031-42-5

Buchhandelsausgabe:
Dietrich Reimer Verlag GmbH, Berlin
www.reimer-verlag.de
ISBN 978-3-496-01408-9

Bibliografische Information der Deutschen Nationalbibliothek
Die Deutsche Nationalbibliothek verzeichnet diese
Publikation in der Deutschen Nationalbibliografie;
detaillierte bibliografische Daten sind im Internet
über http://dnb.d-nb.de abrufbar.

Alle Rechte vorbehalten
Printed in Germany

Dieses Begleitbuch wurde gefördert von:

Robert Bosch Stiftung

Für den Inhalt der Beiträge sind die Autorinnen
und Autoren verantwortlich.

Die Verwertung der Texte und Bilder, auch auszugs-
weise, ist ohne Zustimmung des Rechtsinhabers
urheberrechtswidrig und strafbar. Dies gilt auch
für Vervielfältigungen, Übersetzungen, Mikrover-
filmungen und die Verarbeitung mit elektronischen
Systemen.

Inhalt

Grußwort

Mit der Ausstellung »FaltenReich – Vom Älterwerden in der Welt« möchte ich
Sie herzlich einladen, sich auf das Wechselspiel zwischen unseren Vorstellungen
und der gesellschaftlichen Wirklichkeit einzulassen. Kunst und Kultur, die in
diesem Wechselspiel ihre Bilder entfalten, sind in meinen Augen gut geeignet,
um einen Dialog über ein modernes, zeitgemäßes Altersbild zu starten. In der
Ausstellung »FaltenReich« wird das Altern als Prozess während unseres
gesamten Lebens gezeigt. Erfahrungen im Leben und im Beruf zu sammeln und
weiterzugeben, vielfältige soziale Kompetenzen und bürgerschaftliches Engagement gehören dazu ebenso wie die Veränderungen des Körpers, wie Hilfe- und
Unterstützungsbedarf. Es ist interessant zu sehen, wie diese vielen Facetten des
Alters in verschiedenen Kulturen gesehen und auch künstlerisch gestaltet werden.
Die Ausstellung macht damit deutlich, wie verengt ein Altersbild ist, das das
Älterwerden hauptsächlich als Schwächerwerden zeigt. Die Exponate regen
vielmehr dazu an, die Potenziale des Alters bewusster wahrzunehmen und mit
mehr Zuversicht auf das Alter zu schauen. Wenn wir in unserer Gesellschaft
diese Chance nutzen und positive Altersbilder zur gelebten gesellschaftlichen
Wirklichkeit machen, können wir uns tatsächlich darauf freuen, in der Welt älter
zu werden.

Ursula von der Leyen
Bundesministerin für Familie, Senioren, Frauen und Jugend
Schirmherrin der Ausstellung

Grußwort: Robert Bosch Stiftung

Alt und damit abgeschrieben, pflegebedürftig und weg aus dem öffentlichen Leben? Oder vielmehr fit, tatkräftig engagiert und ständig unterwegs? Zwischen diesen beiden Extremen – »altes Eisen« und »graues Wunder« – bewegen sich die Menschen ab 60 in Europa.

Im Vergleich zu früheren Generationen scheint den »jungen Alten« unserer Tage dank gestiegener Lebenserwartung, einer hohen Individualisierung und guter wirtschaftlicher Verhältnisse nahezu alles möglich zu sein. Gleichzeitig steigt die Zahl der Demenzkranken und der Schwerstpflegebedürftigen täglich. Alter(n) ist zu einem Lebensabschnitt und Prozess mit höchst unterschiedlichen Ausprägungen geworden. Die traditionelle Vorstellung einer homogenen Gruppe gehört der Vergangenheit an.

Die Robert Bosch Stiftung hat es sich zur Aufgabe gemacht, ein neues Bild vom Alter und Älterwerden in unserer Gesellschaft zu entwickeln und zu verankern. Dabei geht es nicht darum, nur positive Aspekte herauszustellen, sondern um einen realistischen Blick auf die Themen des Alters, die Potenziale älterer Menschen und die Vielfalt der Handlungsmöglichkeiten zum Wohle der Gesellschaft angesichts der demografischen Herausforderungen. Daran arbeiten wir in unseren Programmen mit Journalisten, Wissenschaftlern oder Vertretern der Wirtschaft. Doch um dauerhaft eine realistische Wahrnehmung der Chancen und Risiken des Alters zu erreichen, bedarf es der Ansprache einer breiten generationenübergreifenden Öffentlichkeit. Die Ausstellung »FaltenReich – Vom Älterwerden in der Welt« spricht diese Öffentlichkeit an und richtet ihren Blick auf die Besonderheiten des kulturellen Umgangs in verschiedenen Ländern. Der Blick auf und der Umgang mit Alter gehören zur Kultur einer jeden Gesellschaft. Wir wünschen uns, dass die Ausstellung den Besuchern neue Perspektiven eröffnet. Dies gilt für das persönliche (Er-)Leben ebenso wie für eine Gesellschaft, die bisher nicht ausgeschöpfte Potenziale des Alters braucht, um künftig für alle Generationen lebenswert zu bleiben.

Dieter Berg
Vorsitzender der Geschäftsführung
Robert Bosch Stiftung GmbH

Grußwort: Alfred Toepfer Stiftung F.V.S.

In vielen Lebensbereichen gibt es heute eine verblüffende Diskrepanz zwischen kollektiver Erkenntnis und individuellem Handeln. Dieses gilt nicht nur für Handlungsnotwendigkeiten, etwa aus dem globalen Klimawandel, sondern auch und besonders für erforderliche Konsequenzen aus den bevorstehenden demografischen Veränderungen in vielen Ländern Europas. Dabei trifft dieser Vorwurf keineswegs nur diejenigen, die in Politik und Gesellschaft Verantwortung tragen, sondern auf einer sehr persönlichen Ebene jeden Einzelnen.

Noch nie zuvor war »Altsein« und »Älterwerden« in europäischen Gesellschaften so erforscht und damit so prognostizierbar wie heute. Wer sich dafür interessiert, kann bereits heute sehr genau erfahren, wie er oder sie alt werden wird, welche wirtschaftlichen Rahmenbedingungen wahrscheinlich, welche medizinischen Möglichkeiten vorhanden und welche sozialen Lebensformen in den kommenden Jahrzehnten gestaltbar sein werden. Und doch scheuen sich Menschen noch immer, diese Lebensphase in ihren Chancen und Beschränkungen aktiv zu antizipieren. Der Blick »in die Welt« kann hierbei helfen und ermutigen. Die Perspektive auf andere, vermeintlich fremde Kulturen zu dem universellen Menschheitsthema »Alter« ist – wenn sie so gut entwickelt wird, wie in der Ausstellung »FaltenReich – Vom Älterwerden in der Welt« geschehen – nicht nur lehrreich, sondern lädt auch zu Selbstreflexion und Aufbruch ein.

Der Alfred Toepfer Stiftung F.V.S. ist es in ihrer Arbeit immer wieder ein Anliegen, durch Ermutigung und Förderung die Schere zwischen gesellschaftlicher Erkenntnis und individueller Verantwortung zu schließen. Wir freuen uns, dass wir mit der Unterstützung des Vorhabens im Rahmen unseres »Fellowship-Programms für gesellschaftliche Innovation« einen Beitrag zum Gelingen der Ausstellung leisten konnten. Unser besonderer Dank gilt dem Team der Staatlichen Ethnographischen Sammlungen Sachsen, ihrem Direktor Dr. Claus Deimel sowie der aus unserem Hause geförderten Projektleiterin, Dr. Carolin Kollewe, für die hervorragende Zusammenarbeit. Wir wünschen der Ausstellung eine lebendige Resonanz und gutes Gelingen.

Ansgar Wimmer
Vorstandsvorsitzender
Alfred Toepfer Stiftung F.V.S.

Grußwort: alpha 2000 GmbH

Als Unternehmer wird man ständig gefragt, wie lange das eigene Unternehmen bereits am Markt besteht. Mit dem Alter steigt dann kurioserweise auch die Reputation. Überleben wird mit Leistungsfähigkeit verbunden – aber nicht jedes »alte« Unternehmen ist auch leistungsfähig.

Die Kunst besteht vielmehr darin, den Prozess des ständigen Lernens und der Auseinandersetzung mit Neuem mit der Weitergabe und dem Erhalt von »Altem« zu verbinden. Denn jede ältere Generation ist der Schlüssel für die Zukunft. Ihr Wissen und ihre Erfahrung dienen folgenden Generationen als Basis für das Vorankommen der gesamten Gesellschaft: Je bewusster sich die »Alten« dessen sind und je aufmerksamer die »Jungen« zuhören, umso mehr wird sie sich positiv weiterentwickeln.

Das »Wie« dieser Wissensvermittlung spielt eine eher untergeordnete Rolle – viel wichtiger ist das »Was«. Der Blick hinter die Fassade, fokussiert auf den Inhalt, lohnt. Das erkannte auch die französische Schauspielerin Jeanne Moreau, die, nach ihrer Einstellung zum Alter befragt, sagte: »Alternde Menschen sind wie Museen: Nicht auf die Fassade kommt es an, sondern auf die Schätze im Inneren.« Diese Schätze zu finden, zu bewahren und zu nutzen ist die Aufgabe junger Generationen in allen Kulturen dieser Welt. In dieser Ausstellung können sich Menschen jeden Alters diesem Thema aus der Sicht ihnen unbekannter Kulturen nähern, was ich äußerst spannend und interessant finde.

Bei der Auseinandersetzung mit dem »Alter« habe ich festgestellt, dass es keine formale Definition zu diesem Thema gibt – nur persönliche Ansichten. Wir alle altern vom Tag unserer Geburt an. Doch sammeln wir weniger die Jahre, Monate und Tage als vielmehr Erfahrungen, Wissen und Eindrücke. Kann man dann noch von »Alt« und »Jung« sprechen?

Ob Ihnen die Ausstellung eine Antwort auf diese Frage liefern wird, vermag ich nicht zu sagen. Dass sie Ihnen neue Perspektiven anbieten und sicher auch einige Denkanstöße liefern kann – dessen bin ich mir sicher. Ich wünsche Ihnen interessante, aufschlussreiche und auch überraschende Momente beim Rundgang durch die Ausstellung.

Matthias Brühl
Geschäftsführer
alpha 2000 GmbH

Vorwort

Die Ausstellung »FaltenReich – Vom Älterwerden in der Welt« wurde ursprüng-
lich von Dr. Carolin Kollewe im Rahmen eines Fellowships der Alfred Toepfer
Stiftung F.V.S. für unser Dresdner Museum im Japanischen Palais konzipiert. Das
Bundesministerium für Familie, Senioren, Frauen und Jugend zeigte sich nach
Vorlage des Projekts interessiert an einer Erweiterung des Themas zu einem
umfassenden interkulturellen Vergleich. Es entschied sich nach dessen Ausarbei-
tung sowohl für die Übernahme eines großen Teils der weiteren Planungs- und
Ausstellungskosten als auch für die Präsentation im GRASSI Museum für Völkerkunde zu Leipzig. Im Verlauf der Planungen, an denen von Seiten des Bundes-
ministeriums Frau Dr. Gabriele Müller-List, Frau Jutta Bourauel und Herr Carsten
Ibel maßgeblich beteiligt waren, konnten weitere Unterstützer gefunden werden.
So übernahm die Robert Bosch Stiftung die Kosten für diesen Begleitband sowie
für wesentliche Teile des Begleitprogramms zur Ausstellung. Die Firma alpha
2000 GmbH, dessen Geschäftsführer, Herr Matthias Brühl, bereits mehrfach
künstlerische Vorhaben in Leipzig unterstützt hatte, konnte als Sponsor für die
Ausstattung der Ausstellung mit Video- und Medienstationen gewonnen werden.
Christine Schlott konzipierte ein umfangreiches Begleitprogramm. Karsten Jahnke,
Petra Martin, Leberecht Funk und Birgit Kertscher bildeten das wissenschaftliche
Team zur Erarbeitung der Ausstellung unter Leitung von Dr. Carolin Kollewe.
Darüber hinaus war fast das gesamte Museum an der Fertigstellung der Aus-
stellung beteiligt, vor allem aber die Abteilungen Restaurierung, Archive und
Sammlungen, Öffentlichkeitsarbeit sowie Bildung und Ausstellung. Die ethnogra-
phischen Objekte zum Thema stammen zu wesentlichen Teilen aus dem Bestand
der Staatlichen Ethnographischen Sammlungen Sachsen. Glücklicherweise
konnten mehrere private Leihgeber und Museen gewonnen werden, die hier im
Anhang aufgeführt werden. Ohne das große Engagement vieler Menschen, die
sich für Fotostrecken und Filme zur Verfügung stellten, wäre die lebendige
Ausgestaltung nicht möglich gewesen, ist doch eine der wichtigen Aussagen der
Ausstellung die Darstellung von Möglichkeiten aktiver Gestaltung des Alterns und
des Alters in allen Kulturen. Das Gestaltungsbüro Gourdin & Müller hat diese Idee
aus meiner Sicht hervorragend umgesetzt. Ihnen und allen weiteren Beteiligten,
und besonders Dr. Carolin Kollewe für ihr großes Engagement, danke ich herzlich
und wünsche der Ausstellung den verdienten Erfolg.

Dr. Claus Deimel
Direktor
Staatliche Ethnographische Sammlungen Sachsen

Einführung

Carolin Kollewe und Karsten Jahnke

Über das Alter hat der französische Schriftsteller Marcel Proust einmal geschrieben: »Unter allen Realitäten ist es vielleicht diejenige, von der wir im Leben am längsten eine rein abstrakte Vorstellung bewahren« (zitiert in de Beauvoir 2007: 8). Er drückt damit aus, dass es schwer ist, sich das Alter vorzustellen, es greifbar zu machen. Vor allem deshalb, weil wir das Alter oftmals von uns wegschieben, es nicht an uns heranlassen wollen. Für viele Menschen bleibt das Alter lange Zeit etwas Fremdes. Als solches weckt es widerstreitende Gefühle in uns – wie so vieles, was uns fremd ist. Auf der einen Seite möchte kaum jemand alt sein, doch auf der anderen Seite wollen fast alle möglichst alt werden.

Wie kann eine Ausstellung sich diesem Fremden annähern? Wie kann sie dieses scheinbar so abstrakte Phänomen greifbar machen? Wie kann eine Ausstellung, die ja auf Objekte als sichtbare Medien angewiesen ist, das Thema »dingfest« machen?

»FaltenReich – Vom Älterwerden in der Welt« versucht sich diesem Fremden kulturvergleichend anzunähern. Hintergrund und aktueller Anlass ist der demografische Wandel als eine der wichtigsten gesellschaftlichen Entwicklungen unserer Gegenwart und Zukunft. Prognosen zufolge werden schon in absehbarer Zeit und zum ersten Mal in der Geschichte der Menschheit mehr über 60-Jährige als unter 14-Jährige auf diesem Planeten leben (HelpAge 2009). In Deutschland schlagen Diskussionen um die »alternde Gesellschaft« schon seit Langem hohe Wellen. In Zeitschriftenartikeln und Talkshows wird diskutiert, wie sich diese Entwicklung auf unser Leben in Deutschland auswirken wird. Dabei werden Zukunftsvisionen zum Teil in den wildesten Farben gemalt. Bei diesen Debatten wird oftmals davon ausgegangen, dass nur die Länder des Nordens vom demografischen Wandel betroffen seien. Denn nur wenigen ist hierzulande bewusst, dass diese Veränderungen auch in starkem Maß in den Ländern des Südens stattfinden. Schon heute lebt der größere Teil der älteren Menschen in den sogenannten Entwicklungsländern: Ende des 20. Jahrhunderts waren es 60 % der Älteren weltweit. Glaubt man den Prognosen, so wird ihr Anteil noch zunehmen (WHO 1999: 4). Aufgrund der sinkenden Geburtenraten und der steigenden Lebenserwartung verändert sich in den Ländern des Südens die Bevölkerungsstruktur sogar besonders schnell. So wird sich beispielsweise in Indonesien die Anzahl der über 65-Jährigen zwischen 1997 und 2025 voraussichtlich vervierfacht haben (van Eeuwijk 2003: 233).

Das Altern von Gesellschaften ist also genau wie das Altern des Einzelnen eines der großen Menschheitsthemen. Es verbindet uns mit anderen Menschen und Kulturen der Welt. »FaltenReich« konzentriert sich auf einige übergreifende Aspekte dieses umfassenden Themenkomplexes. Die Ausstellung fragt beispielsweise, welche Vorstellungen vom Alter es gibt, wie verschiedene Gesellschaften mit Älteren umgehen und wie das Miteinander der Generationen gestaltet wird.

Dazu geht sie in drei Schritten vor: Einführend wird eine Reihe von Fragen aufgeworfen: Was ist Alter? Wann beginnt es? Wie lässt sich das Alter – wenn überhaupt – messen: biologisch, sozial oder kalendarisch? Es folgen sechs Themenräume im Hauptteil der Ausstellung. Ausgehend von der Gesellschaft Deutschlands, wird in jedem dieser Räume ein Aspekt des Alterns beleuchtet und ein kontrastierender Blick auf eine andere Kultur geworfen. Dabei werden Gemeinsamkeiten und Unterschiede zwischen den Kulturen deutlich – sowohl in den Positionen und Rollen, die Ältere dort einnehmen, als auch im Umgang mit dem Alter. Abschließend geht es in der Ausstellung darum, unterschiedliche Lebensrealitäten älterer Menschen in Deutschland kennen zu lernen. Einige von ihnen sprechen in Filminterviews über ihre ganz persönlichen Sichtweisen zum Alter und zum Altwerden.

Zentraler Ansatz der Ausstellung ist der Kulturvergleich. Bekanntes aus unserer Gesellschaft wird jeweils Unbekanntem aus anderen Gesellschaften gegenüber gestellt. Dadurch werden die fremdartigen Exponate aus anderen Kulturen zugänglicher und leichter verständlich. Hier nur ein kurzer Einblick in die Ausstellung: Der Themenraum »Verhaltensregeln« behandelt Vorstellungen vom idealen Verhalten zwischen Alt und Jung. In Deutschland basieren solche Ideale auf christlichen Vorstellungen. Denn schon in der Bibel steht »Du sollst deinen Vater und deine Mutter ehren, auf dass es dir wohl ergehe und du lange lebst auf Erden«. Zusätzlich wurden Benimmregeln entwickelt, die beschreiben, wie man sich gegenüber Älteren respektvoll verhalten soll. Solche Verhaltensregeln zeigen sich zum Beispiel in Alltagssituationen im öffentlichen Raum. Vielen ist bewusst, dass Jüngere in der vollen Straßenbahn Älteren einen Platz anbieten sollten – zumindest dem Ideal nach. Die Ausstellung verweist auf solche Situationen, indem sie Straßenbahnsitze präsentiert und diese mit der Frage »Möchten Sie sich setzen?« verbindet.

In China nehmen Regeln für das Verhalten zwischen Jung und Alt hingegen ganz andere Formen an. So ist es in einigen Regionen dort bis heute üblich, dass ein Sohn seinem Vater einen Sarg zum 60. Geburtstag schenkt. Damit drückt er aus, dass er seinem Vater auch nach dessen Tod ein ehrendes Gedenken widmen wird. Dies ist Teil der Kindespflicht. Dem Konzept der konfuzianischen Kindespietät nach soll ein Sohn seinem Vater ein Leben lang dienen. Gehorsame Kinder tragen nach diesem Verständnis auch dazu bei, dass ihre Eltern lange leben. In der Ausstellung verweist ein massiver »Langlebigkeitssarg« auf dieses Ideal.

»Möchten Sie sich setzen?«
Gegenseitiger Respekt, Hilfsbereitschaft und Höflichkeit
erleichtern das Miteinander der Generationen.

Deutschland
2006
Foto: Gunnar Sattler

Der Langlebigkeitssarg
In China demonstriert er die Fürsorge des Sohnes
für seinen Vater über dessen Tod hinaus.

China
2008
Museum für Völkerkunde zu Leipzig
Foto: Eva Winkler / SES

Solche zuerst für uns fremd anmutende Vorstellungen werden verständlicher, wenn wir sie in Bezug zu unseren eigenen setzen. Dadurch werden uns auch unsere eigenen kulturellen Konzepte stärker ins Bewusstsein gerufen.

Benimmregeln in Deutschland und Kindespietät in China sind nur Beispiele, die hier veranschaulichen sollen, wie die Ausstellung kulturvergleichend vorgeht. Sie will aber weder ein besonderes Verhalten vorschreiben, noch die Besucherinnen und Besucher belehren. Indem die Ausstellung beleuchtet, wie Alter und Älterwerden in verschiedene Teilen der Welt gelebt werden und was dabei Ähnlichkeiten, aber auch Unterschiede zwischen den Kulturen sind, möchte sie dazu einladen, über unsere eigenen Bilder von Alter nachzudenken. Mit dem Kulturvergleich möchte »FaltenReich« Besucherinnen und Besucher anregen, unsere häufig klischeebeladenen Vorstellungen von »den Alten« zu hinterfragen. So fordert die Ausstellung beispielsweise zu Beginn Besucherinnen und Besucher dazu auf, sich mit unterschiedlichen Definitionen von Alter auseinanderzusetzen. Bei den Ayizo in Westafrika heißt es zum Beispiel: Alt ist man, wenn man heiratet. Und bei den Tscherkessen im Kaukasus galten früher diejenigen als alt, die über 100 waren. Wenn verschiedene Gesellschaften Alter unterschiedlich verstehen, wird klar, dass Altern nicht allein ein körperlicher Prozess ist. Alter wird von der Kultur, in der wir leben, bestimmt und hergestellt. Was wir unter Alter verstehen und wie wir damit umgehen, ist damit auch veränderbar.

Dieses Buch möchte wie die Ausstellung dazu ermuntern, sich unsere häufig negativen Bilder vom Alter bewusst zu machen, sie zu reflektieren, zu überdenken und zu diskutieren. Der erste Teil des Buches bietet die Möglichkeit, sich mit Altersbildern aus unterschiedlichen Perspektiven auseinanderzusetzen – mal amüsant, mal nachdenklich, mal wissenschaftlich und auch fiktional. Fünf Autoren und Autorinnen nehmen das Alter und unsere Bilder davon in den Blick. Herrad Schenk, Sozialwissenschaftlerin und freie Autorin, beleuchtet Altersstereotype in Deutschland. Sie vergleicht sie mit Realitäten alter Menschen, wie sie sich in aktuellen Daten aus Wissenschaft und Forschung darstellen. Die Ethnologin Dorle Dracklé betrachtet Älterwerden in unterschiedlichen Kulturen. Sie zeigt aber auch, dass unsere Vorstellungen und Wunschträume vom Altern anderswo sehr viel mit unseren Bildern vom Alter hierzulande zu tun haben. Ältere Menschen zwischen Deutschland und der Türkei sind das Thema des Kabarettisten Şinasi Dikmen. Er nimmt Freud und Leid des Älterwerdens humorvoll in den Blick. Peter Sartorius, lange Jahre Reporter bei der Süddeutschen Zeitung, macht sich Gedanken über das Altwerden als letzter Etappe im Lebensverlauf. Schließlich malt sich die Journalistin Sabine Rummel aus, wie unser Alter in der Zukunft aussehen könnte.

Der zweite Teil des Buches stellt die verschiedenen Themenräume der Ausstellung in kurzen Texten und mit ausgewählten Exponatfotos vor. Im Anschluss daran werden die außereuropäischen Beispiele jeweils noch etwas eingehender beleuchtet, um Leserinnen und Lesern ein besseres Verständnis dieser Konzepte zu ermöglichen. Abschließend verrät das Leipziger Gestaltungsbüro Gourdin & Müller, welche Ideen hinter ihrem Gestaltungsentwurf für die Ausstellung stecken.

Die Ausstellung und das Buch nähern sich – auf jeweils eigene Weise – dem Alter und unseren Vorstellungen davon an. Sowohl die Exponate als auch die unterschiedlichen Texte in diesem Buch möchten in der kulturvergleichenden Auseinandersetzung mit dem Thema dazu beitragen, das Alter und das Älterwerden greifbarer zu machen. Letztlich geht es darum, den klischeebeladenen Bildern vom Alter ihre Macht zu nehmen und auch diesen Lebensabschnitt als wertvollen Teil unseres Daseins anzunehmen. Wir hoffen, dass die Fremdheit, die das Alter für viele Jüngere umgibt, nach einem Besuch der Ausstellung einer Neugier gewichen ist. Ein letztes, doch nicht minder wichtiges Anliegen der Ausstellung ist es, dass ältere Menschen als Individuen mit ihrer jeweils ganz persönlichen Lebensgeschichte verstanden werden, statt sie pauschal als »die Alten« anzusehen. Wir hoffen, einen Beitrag hierzu geleistet zu haben. Dennoch wird das Thema »Alter« aufgrund seiner Vielfältigkeit auch weiterhin kaum zu fassen sein, denn schließlich hat es, wie Ausstellung und Buch zu zeigen versuchen, viele, ganz unterschiedliche Gesichter.

Dr. Carolin Kollewe, 1973 geboren, ist Ethnologin und wohnt in Dresden. Ihre Schwerpunkte sind Alter(n), Identität, Objektforschung, soziale Bewegungen und Mexiko.

Karsten Jahnke, Jahrgang 1963, ist Volks- und Völkerkundler. Er arbeitet als freier Kurator und lebt in Dresden.

Literatur:
de Beauvoir, Simone: Das Alter. Reinbek 2007 (1970[1])
van Eeuwijk, Peter: Alter, Gesundheit und Health Transition in den Ländern des Südens. Eine ethnologische Perspektive. In: Lux, Thomas (Hg.): Kulturelle Dimensionen der Medizin. Ethnomedizin – Medizinethnologie – Medical Anthropology. Berlin 2003
HelpAge Deutschland: www.helpage.org / themen.php; Zugriff: 31.1.2009
WHO: Ageing – Exploding the myths. Genf 1999

BILDER DES ALTERS

Die neuen Alten – Vom allmählichen Wandel unseres kulturellen Altersbildes

Herrad Schenk

»Alle wollen alt werden – doch niemand will alt sein!« lautet ein bekannter banaler Spruch über das Altern. Und warum will niemand alt sein?, mag man sich fragen. Die verbreitete Angst vor dem Alter steht in einem verblüffenden Gegensatz zur durchaus erfreulichen Lebenswirklichkeit der meisten älteren Menschen hierzulande. Noch nie zuvor ist es den Alten so gut gegangen wie der Generation 60plus heute bei uns.

Doch während sich die soziale Situation älterer Menschen im Laufe des 20. Jahrhunderts – und ganz besonders in den letzten drei Jahrzehnten – ständig verbessert hat, ist unser kulturelles stereotypes Bild vom Alter seit Jahrhunderten unverändert negativ geblieben. Das Klischeebild stellt alte Leute nach wie vor als hilfsbedürftig und schwach dar, als leidend und passiv, als konservativ, intolerant, unflexibel, als anfällig und gebrechlich, als vergesslich und verwirrt, als verbittert, depressiv und einsam. Dieser Negativkatalog listet das Gegenteil von all dem auf, was in unserer Gesellschaft hoch gehalten wird: Eine stabile physische und psychische Gesundheit, Aktivität und Unabhängigkeit, Flexibilität und Stärke, physische Attraktivität und intellektuelle Leistungsfähigkeit.

Kein Wunder, dass vor diesem Hintergrund die meisten Menschen, die in die Jahre kommen, das Etikett »alt« zurückweisen. Sie finden sich zu Recht weder mit 70 noch mit 80 und schon gar nicht mit 60 in diesem stereotypen Bild vom Alter wieder. »Wenn das Alter so ist – dann bin ich noch lange nicht alt!«

Weil das überlieferte kulturelle Altersbild und das Selbstbild so weit auseinander fallen, will niemand alt sein, und weil niemand alt sein will, müssen immer neue sprachliche Umschreibungen für das anstößige Wort gefunden werden, die dann doch nach und nach im alltäglichen Sprachgebrauch dessen negativen Beigeschmack annehmen. So redet man durchweg von »älteren« statt von »alten« Leuten, um das Stigma abzuschwächen – obwohl »älter« ja eigentlich die grammatikalische Steigerung von alt ist. Gemeint ist aber »älter als jung«: »Ich bin zwar nicht mehr ganz jung – aber deswegen bin ich noch lange nicht alt!« So spricht man lieber von »Senioren und Seniorinnen« oder, noch neutraler, von der Generation 60plus, besser sogar 50plus – je breiter das Altersspektrum, desto weniger diskriminiert fühlen sich die Hochaltrigen. Im Amerikanischen überbietet man sich geradezu mit der Erfindung immer neuer Vermeidungsformeln und Euphemismen: »Best Agers«, »Silver Agers«, »Second life people« und ähnliches.

Buster Martin beim London Marathon 2008
Sein Alter – 94 oder 101, wie er selbst sagt, ist zwar umstritten.
Doch gilt er unbestritten als ältester Arbeitnehmer in Großbritannien.
Foto: picture-alliance / dpa / Joel Ryan

Bei uns in Deutschland wird die öffentliche Diskussion über das Alter in jüngster Zeit von zwei einander völlig entgegen gesetzten Klischees beherrscht: Da ist einmal das erbarmungswürdige Bild von den Schrecken des hohen Alters: Parkbänke, auf denen einsame Alte sitzen, die traurig und leer vor sich hinstieren, aufgereihte Rollstühle in den Fluren der Pflegeheime, belegt mit in sich zusammengesunkenen Gestalten, die nicht mehr ansprechbar sind, ans Bett fixierte sieche Alte, die gefüttert und gewindelt werden müssen. Hier erkennen wir das traditionell düstere Altersbild in extremer Überzeichnung wieder. Das ist die Endstation!, scheinen diese Bilder uns sagen zu wollen, so werden in Zukunft immer mehr Menschen ihr Leben beenden!

Daneben steht im krassen Gegensatz ein neues Bild: die noch fitten, flotten Jungen Alten, die sich auf Kosten der schwer arbeitenden mittleren Generation ein schönes Leben machen. Sie bevölkern die Kaufhäuser und die Cafés, die Konzerthäuser und die Theater, besuchen Volkshochschulvorträge, Gymnastikkurse und Wellness-Oasen, sie walken in den Grünanlagen und sind die größte Klientel der Reiseveranstalter. Doch diese neuen Jungen Alten werden keineswegs nur positiv gesehen, im Gegenteil: Ihnen haftet der Geruch von Sozialschmarotzern an.

Beide Extrembilder sind Klischees, auch wenn sie das berühmte Körnchen Wahrheit enthalten, das auf den sozialen Wandel in der Situation alter Menschen hinweist.

Das düstere Bild vom hohen Alter, das die Medien so gern malen, ist weit von der Lebenswirklichkeit der Mehrheit der Hochbetagten in unserem Land entfernt. Geriatrische Befunde zeigen, dass die Beschwernisse des hohen Alters, wenn keine ernsthaften physischen oder psychischen Erkrankungen vorliegen, erst jenseits der 80 oder 85 spürbar werden. Dann allerdings nehmen Demenz und körperliche Hinfälligkeit sprunghaft zu. Dennoch leben die meisten Hochaltrigen nicht in Heimen – dort sind nur 9 % der über 95-Jährigen untergebracht! (Van Kuenheim 2004: 46) – sondern sie kommen im Gegenteil bis ins höchste Alter im eigenen Haushalt zurecht, teils allein, teils mit Hilfe ambulanter Dienste, der Partnerin oder des Partners, eines Kindes oder Schwiegerkindes, meist der Töchter. Im Übrigen erklärten sich in der Berliner Altersstudie zwei Drittel der sehr alten Menschen als »zufrieden« oder sogar »sehr zufrieden« mit ihrem Leben, selbst wenn ihr Gesundheitszustand objektiv beeinträchtigt ist! (Smith 1996: 220)

Das stereotype Bild vom »Elend der alten Leute« – so ein gerontologischer Titel aus dem Jahre 1972 (Schenda 1972), als diese Aussage noch berechtigt sein mochte – macht aber auf einen wichtigen Trend aufmerksam: darauf, dass in Zukunft immer mehr Menschen im höchsten Alter pflegebedürftig sein werden und dass dies eine große Herausforderung für die Gesellschaft von heute und morgen darstellt. Zwar sind die Alten in den letzten Jahrzehnten immer gesünder geworden, zwar ist es gelungen, viele schwere Erkrankungen immer weiter an den äußersten Rand eines im Durchschnitt immer länger werdenden Lebens hinauszuschieben – doch da die absolute Zahl der Hochaltrigen sich vervielfacht hat und immer weiter anwächst, wird es trotzdem mehr Pflegebedürftige geben.

Richtig ist, dass die Alten von heute später altern als die Alten von früher. Und damit sind wir bei dem anderen Altersbild, dem von den lebenslustigen jungen Alten, das erst in den letzten drei Jahrzehnten entstanden ist, seitdem immer mehr Menschen relativ früh aus dem Erwerbsleben geschieden sind. Diese neuen Alten fühlen sich nicht nur jünger, sie sind auch tatsächlich physisch und psychisch jünger als ihre Eltern und Großeltern im vergleichbaren Alter. Zahlreiche Studien belegen, dass die Alten von heute im Allgemeinen gesünder und gesundheitsbewusster, körperlich fitter und finanziell besser gestellt sind als die Alten vor 30 oder 40 Jahren. Sie sind gebildeter, haben mehr kulturelle Interessen, nehmen stärker am sozialen Leben teil – und sie sind deutlich selbstbewusster.

Vergleicht man im Familienalbum Fotos aus den 70er Jahren des vorigen Jahrhunderts mit Fotos aus dem letzten Jahrzehnt, dann springt es ins Auge, dass die 70-Jährigen von heute deutlich jünger wirken als die Endfünfziger von damals. Das gilt erst recht, wenn wir ein paar Jahrhunderte zurückgehen. Wir alle kennen das berühmte Porträt, das Albrecht Dürer von seiner 63-jährigen Mutter zeichnete: Sie wirkt auf uns Heutige wie eine sich selbst vernachlässigende Spätachtzigerin, ein jämmerlicher Anblick, hohläugig, eingefallene Wangen und ein erloschener Blick. Man muss nicht unbedingt das Foto der 70-jährigen Jane Fonda daneben stellen, um sichtbar zu machen, wie anders ältere Leute von heute aussehen. Das hat mancherlei Gründe: nicht nur die lebensfrohere Art sich zu kleiden, das stärkere Interesse an Körperpflege und Kosmetik, sondern vor allem auch unsere veränderten Lebensbedingungen, die bessere Ernährung, die weniger harte körperliche Arbeit, die gute gesundheitliche Versorgung. Unsere Vorfahren waren erschöpft und verbraucht, wenn sie das 70. Jahr erreichten – falls sie überhaupt so alt wurden.

Die Alten sind so etwas wie Modernisierungsgewinner – auch wenn man immer wieder auf das sich hartnäckig haltende Vorurteil von der guten alten Zeit stößt, in der sie angeblich weit mehr geehrt wurden. Diese Zeiten gab es nicht – und geachtet waren früher allenfalls alte Menschen mit hohem Sozialstatus, die etwas zu vererben hatten. Nicht die Natur, sondern die Zivilisation und die Kultur sind die Freunde des Alters, denn sie haben Lebensbedingungen geschaffen, in denen die Defizite, die nun einmal unabänderlich mit dem körperlichen Altern verbunden sind, besser kompensiert werden können und weniger ins Gewicht fallen. Wir leben heute in der westlichen Hemisphäre in einer Welt, in der es auf Fähigkeiten und Leistungen ankommt, die sich bis ins hohe Alter entwickeln und pflegen lassen.

Jane Fonda
im Alter von 68 Jahren
Foto: picture-alliance / dpa / Lionel Hahn

Barbara Dürer
mit 63 Jahren. Albrecht Dürer zeichnete seine Mutter 1514.
Foto: picture-alliance / akg-images

»Die Alten« waren auch in der Vergangenheit keine homogene Gruppe, wie das Altersstereotyp es nahelegt; gewiss ist, dass sie heute und in Zukunft noch heterogener sein werden als früher. Sicher gibt es den 70-jährigen Rentner, der nur sein Vorgärtchen pflegt und von Mittag an vor dem Fernseher sitzt. Es gibt auch die einsame altersverwirrte 80-Jährige im Rollstuhl – doch zugleich begegnen wir immer häufiger lebendigen, aktiven Älteren, die sich noch vielfältig engagieren, die ehrenamtlich arbeiten, Konzerte, Vorträge, Lesekreise und Yoga-kurse besuchten, die noch gern und viel reisen und am Leben von Kindern, Enkeln, Freunden regen Anteil nehmen.

Seit etwa fünf Jahren sammele ich dpa-Berichte über ungewöhnliche Leistungen Hochaltriger. Da ist zum Beispiel die 73-jährige Amerikanerin, Ururgroßmutter, die aus 4000 Meter Höhe mit dem Fallschirm absprang. »Catherine Cunningham rät allen Frauen ihres Alters, dasselbe zu tun. ›Es ist eine wunderbare Erfah-rung‹«. Im April 2007 ging der älteste Gärtner Englands mit 104 Jahren in den Ruhestand, weil die Arthritis in den Knien ihn plagte; seinen privaten Gemüse-garten wollte er aber weiter pflegen. Eine 92-Jährige stellte 2006 in England den neuen Weltrekord im Abseilen für Senioren und Seniorinnen auf, indem sie sich an einer 67 Meter hohen Hausfassade herabließ. Im April 2008 machte beim London-Marathon Pierre Jean Buster Martin von sich reden, der nach etwas mehr als zehn Stunden ins Ziel einlief, als die Veranstalter die Zeitmessung schon eingestellt hatten. Er hatte sein Alter auf 101 Jahre hinaufgemogelt, weil er es mit seinen »erst« 94 Jahren nicht ins Guinness Book of Records geschafft hätte. Die 1900 geborene Lucia Servadina bekam von Kindern und Enkelkindern zu ihrem 105. Geburtstag einen Gleitschirmflug geschenkt, weil sie das Matter-horn einmal von oben sehen wollte. Nicht zu vergessen die 80-jährige Britin, die zwei Einbrecher in die Flucht schlug, die sie mit einem Messer bedrohten. Die Frau schnappte sich ein noch längeres Messer aus ihrer Küchenschublade und rief: »Das nennt ihr ein Messer? Dies ist ein Messer!« Mit diesem Zitat aus dem Kultfilm »Crocodile Dundee« gelang es ihr, die Männer zu verjagen. – Das sind natürlich exotische Ausnahmen, doch dergleichen Geschichten häufen sich in jüngster Zeit und sind erfreuliche Gegenbilder zum Klischee vom Elend der alten Leute. Die meisten beachtlichen Leistungen Hochaltriger um uns her sind aller-dings weniger spektakulär und finden deshalb keine größere öffentliche Aufmerksamkeit.

»Das Alter hat zwei Gesichter«, sagen die Altersforscher Mayer und Baltes (1996: 7), »Verlust und latentes Potential«. Unser herkömmliches Altersbild betont lediglich die Verluste. Das bleibt nicht ohne Folgen für das Selbstbild und schränkt Ältere in der Entfaltung ihrer Möglichkeiten ein. Wir brauchen dringend neue, differenzierte Bilder vom Alter, die der zunehmenden Heterogenität der Lebenswirklichkeiten und Lebensstile im Alter gerecht werden. Sie sollten Mut machen, sich auf das Abenteuer Alter einzulassen und die großen neuen Gestal-tungsspielräume wahrzunehmen, die sich uns eröffnet haben.

Die 92-jährige Doris Long stellt einen neuen Weltrekord im Abseilen für Senioren auf.

Foto: picture-alliance / dpa / Mark Edwards

Dr. Herrad Schenk, geboren 1948, lebt in der Nähe von Freiburg im Breisgau. Sie ist Sozialwissenschaftlerin, u. a. mit dem Schwerpunkt Gerontologie, und freie Schriftstellerin (Sachbücher und Romane).

Literatur:

Mayer, Karl Ulrich / Baltes, Paul B.: Vorwort. In: dieselben (Hg.): Die Berliner Altersstudie, Berlin 1996, S. 7–16

Schenda, Rudolf: Das Elend der alten Leute. Informationen zur Sozialgerontologie, Düsseldorf 1972

Smith, Jacqui: Wohlbefinden im hohen Alter. Vorhersagen aufgrund objektiver Lebensbedingungen und subjektiver Bewertung. In: Mayer, Karl Ulrich / Baltes, Paul B. (Hg.): Die Berliner Altersstudie, Berlin 1996, S. 518

Von Kuenheim, Haug: Wie man in Deutschland alt wird. In: DIE ZEIT (18.3.2004), S. 46

Zwischen Wunsch und Wirklichkeit – Bilder vom Alter und Älterwerden in fremden Kulturen

Dorle Dracklé

Das Alter gibt es nicht! Zu einer solch radikalen Aussage kam Simone de Beauvoir in ihrem bahnbrechenden Buch über das Alter. Sie meinte damit, dass Alter als Kategorie nicht von der Natur vorgegeben sei, sondern es werde jeweils in der Kultur, der man angehört festgelegt, ab wann ein Mensch als alt gilt und welche Konsequenzen daraus folgen. Simone de Beauvoir (1995) erweitert ihre frühere Annahme, dass allein in der Kultur bestimmt wird, was als männlich und weiblich gilt und überträgt sie auf das Alter. Heute, 40 Jahre nach Erscheinen des Buchs, hat sich diese Erkenntnis in weiten Teilen der Wissenschaften durchgesetzt, die sich mit Alter und Älterwerden beschäftigen. Es sind neue Vorstellungen über das Alter entstanden: Man versteht die Menschen, die dieser Kategorie angehören, nicht mehr als eine homogene Altersgruppe, sondern sieht Abgrenzungen und Unterschiede, macht Phasen des Alterns aus, und bezieht Geschlecht, ethnische Zugehörigkeit, soziale Stellung und viele weitere Kriterien in die Untersuchungen mit ein.

Nur eine Ansicht hält sich nach wie vor hartnäckig: Alter wird in wissenschaftlichen Forschungen meist als Problem definiert. Die einen verbinden dieses Phänomen mit dem Wegfall der wirtschaftlichen Nützlichkeit des Menschen für die Gesellschaft, mit Beginn des Rentenalters. Die anderen sehen eine wachsende Altersdiskriminierung als Grund dafür an, warum ältere Menschen in unserer Gesellschaft oft respektlos behandelt werden. Aber: Ist Alter immer bloß ein Problem? Gibt es positive Beispiele für den Prozess des Alterns?

Mit diesen Fragen schauen wir auf andere Kulturen. Können wir von ihnen lernen? Geht es älteren Menschen in anderen Kulturen besser? Sind alte Menschen dort stärker anerkannt und geehrter als bei uns? Dem neugierigen Blick in die Fremde legen wir unsere eigenen Bilder vom Alter zugrunde. Wir hoffen geradezu, bei den anderen das zu finden, was wir uns wünschen. Aus wissenschaftlicher Sicht ist es wichtig, sich vor einer Forschung über andere Kulturen mit den Bildern des Alterns in unserer eigenen Gesellschaft vertraut zu machen – sonst sehen wir im Anderen nur eine Spiegelung des Eigenen.

Um zu erforschen, wie sich die fremde Lebenswelt älterer Menschen anfühlt, unternahm die Ethnologin Barbara Myerhoff zu Beginn ihrer Studie in einem jüdischen Altersheim in Los Angeles einen eigenwilligen Versuch: Sie kleidete sich wie eine ältere Dame, in dezenten Farben und trotz warmen Wetters mit einem Mantel. Sie zog Schuhe mit Einlagen und Gewichten an, die in etwa den

Postkarten als Bildträger
Unsere Bilder alter Menschen in fremden Kulturen sind häufig von Klischees
geprägt. Diese Bilder sagen weit mehr über unsere eigenen Vorstellungen aus
als über die Lebensrealitäten der Dargestellten.

Deutschland
2009
Privatbesitz

Belastungen entsprechen, die bei älteren Menschen zusätzlich auf den Knochen
der Beine lasten. Ihre Augen bedeckte sie mit einer Brille, die ihr in etwa die
Sicht gewährte, die älteren Menschen mit Sehbehinderungen haben; weiterhin
trug sie Ohrstöpsel, um eine leichte Hörminderung zu simulieren. Dann ging sie
– unterstützt von einem Stock – auf die Straße und balancierte vorsichtig auf
dem Gehsteig. Vorsichtig deshalb, weil ihr Gleichgewichtssinn gestört war, und
sich eine gewisse Unsicherheit und Ängstlichkeit einstellte. An den Hausmauern
entlang tastend ging sie zum nächsten Supermarkt. Dieser Selbstversuch

vermittelte ihr die Erfahrung, wie es ist, alt zu sein. Besonders beeindruckt war sie vom fehlenden Kontakt zu ihren Mitmenschen auf der Straße – sie hatte den Eindruck, dass niemand sie bemerkte, und dass niemand sie anschaute, ganz so, als sei sie gar nicht vorhanden. Myerhoff lernte in dieser Situation, dass im Alter zwar eine Menge Handicaps auftreten können, diese aber nicht dafür verantwortlich zu machen sind, dass Alter in unserer Gesellschaft und in der Forschung oft auf Krankheit, Elend und Tod beschränkt wird (Myerhoff 1977). Noch weniger kann Alter als Argument dazu dienen, Menschen automatisch und zwangsweise aus dem Berufleben zu entfernen, sie zu marginalisieren und auszugrenzen. Es sind Konventionen, nicht biologische Notwendigkeiten. Die Ausgrenzungsprozesse bedienen sich einer Sprache der Trennung (Hazan 1994) gegenüber anderen Altersgruppen – wie etwa in reißerisch aufgemachten Zeitschriftentiteln (»Wie die Alten die Jungen ausplündern«, Spiegel 1997).

Angesichts von Altersdiskriminierung und Ausgrenzung alter Menschen in unserer eigenen Kultur hoffen wir nun, in fremden Kulturen einen dort »noch« vorhandenen Respekt vor dem Alter zu finden. Afrikanische und asiatische Kulturen bieten sich für diesen Vergleich an, denn es erreichen uns von dort Berichte über das Phänomen der Altenherrschaft, der Gerontokratie. In einigen afrikanischen Kulturen gelten die Männer als Älteste, die schon Großväter sind und mindestens 40 Jahre zählen. In ihren Gruppen gelten sie als Oberhäupter. Macht und Autorität sind ihren Erfahrungen geschuldet sowie Fähigkeiten, die notwendig und geschätzt sind, um das Überleben aller zu sichern. Spezielles und vielfältiges Wissen, auch rhetorische Künste, sind diesen Personen oft zueigen. Ältesten werden enge Beziehungen zu den Ahnen nachgesagt, sie sind manchmal gar Vermittler zwischen übernatürlichen Sphären und menschlichen Lebenswelten. Diese Vormachtstellung kann gefürchtet sein, besonders, da man glaubt, dass Ahnen in das Alltagsleben eingreifen und für alle diejenigen gefährlich werden können, die sich nicht entsprechend den Regeln verhalten. Die Dominanz der Ältesten – mit ihren Verbündeten, den Ahnen – ist verschieden stark ausgeprägt. In manchen Kulturen sind die Einflussmöglichkeiten der Ältesten begrenzt, in anderen Kulturen üben sie sehr starke Kontrolle über die nachfolgenden Generationen, die wirtschaftlichen Ressourcen und über die Frauen aus. Diese starke soziale Ungleichheit wird als Altenherrschaft bezeichnet.

Oft geht diese Herrschaftsform mit einem System von Altersklassen einher (Schurz 1902). Altersklassen umfassen Männer und Frauen, die in einer Gruppe organisiert sind und mit den gleichen Übergangsriten in Stufen durch ihr Lebensalter geleitet werden. Meist sind die Altersgruppen nach Geschlechtern getrennt, in vielen Kulturen mit Altersklassen gibt es zwar Gruppen für Männer, aber nicht für Frauen. Alle Personen in einer Altersgruppe haben denselben Status und üben häufig die gleichen Tätigkeiten aus. In einigen Fällen bieten Altersklassenverbände Zugang zu Geheimgesellschaften und Ritualverbünden. Man findet Altersklassen in vielen Kulturen (auch im klassischen Griechenland existierten sie).

Sehr einprägsam ist das Gada-System, das bei Pflanzenbauern und bei Hirten-völkern der Borana und Oromo in Äthiopien beschrieben wurde. Dort gibt es fünf Altersklassen. In einem Zyklus von 40 Jahren durchlaufen die Mitglieder der Altersklassen fünf Altersstufen von etwa acht Jahren Dauer. Jene Altersklasse, die alle Stufen durchlaufen hat, scheidet aus. Sie überträgt ihren Namen auf die erste neue Altersklasse den Jungen. Das Besondere ist, dass ein Sohn erst am Altersklassensystem teilnehmen kann, wenn der Vater austritt. Nur dann gilt der junge Mann als erwachsen und darf Familie und Kinder haben.

Diese starren Regeln führen zu vielen Missverhältnissen zwischen dem biologi-schen Alter und den Lebenswelten der Menschen. Schwierigkeiten tauchen auf, die nur durch allerhand Kunstgriffe gelöst werden können: So wird beispiels-weise das Heiratsalter der Männer verzögert, und dem Zwang, mit der Familien-gründung zu warten, kann durch Adoption, Kindesaussetzung, Überspringen von Generationen und anderen Maßnahmen begegnet werden.

Beschreibungen von gemeinschaftlichen Prozessen des Älterwerdens stammen meist aus ethnologischen Untersuchungen des frühen 20. Jahrhunderts. Heute hat sich die Situation vollkommen verändert, die Altersklassen haben sich abge-schwächt, wenn sie überhaupt noch vorhanden sind. Das Altersklassensystem der Chagga am Kilimandjaro, bei denen das Senioritätsprinzip durch die Traditi-onsvermittlung durch Ältere wirkte, wurde von Gutmann 1926 aufgezeichnet. Heute sind die Altersklassen fast vollkommen aufgelöst, die jungen Chagga migrieren in die Stadt, heiraten früh und die Alten bleiben unversorgt auf dem Land zurück – staatliche Renten gibt es praktisch nicht. Es ist üblich, die Enkel aus der Stadt zu den Großeltern aufs Land zu schicken, denn die Kinder haben keine Möglichkeit, die Kleinen zu versorgen. Gerade unter dem Vorzeichen von HIV / AIDS verändern sich die gewachsenen Gefüge dramatisch (Jensen 1998). Die Altenherrschaft existiert dort nicht mehr.

Neben den Vorstellungen von einer Herrschaft des Alters kursieren bei uns Geschichten über Altentötung in anderen Kulturen. Die bekanntesten Beispiele handeln von alten oder kranken Eskimo, die von ihrer Familie in Eis und Schnee zurückgelassen werden, oder Geschichten und Erzählungen über japanische Traditionen, bei denen alte Menschen in Wäldern und auf Bergen ausgesetzt werden. Über Altentötung gibt es viele Berichte, es ist anzunehmen, dass sie in einigen Kulturen praktiziert wurde, die Quellen sind jedoch nicht immer verläss-lich. Erzählt wird über frühere Zeiten, dass man alten, gebrechlichen oder unheilbar kranken Menschen immer weniger zu essen gab oder sie schließlich in der Wildnis allein zurück ließ. Belegt sind einige dieser Handlungen aus Jäger- und Sammlergesellschaften, auch für sesshafte Bauerngesellschaften sind sie beschrieben worden – so etwa, dass die direkte Tötung mit einer Waffe in der Regel von engen Familienangehörigen durchgeführt wurde. Meist überredete man jedoch die Alten, wie bei den Eskimo, sich selbst in den Schnee zu legen.

Oder man baute ihnen eigens für diesen Zweck Hütten abseits des Dorfes, versorgte sie mit ein wenig Nahrung und Wasser und überließ sie ihrem weiteren Schicksal — so etwa bei den Hopi, den Creek Indianern und den afrikanischen ¡Kung-Buschmännern.

Selbst die Herrschaft des Alters kann sich mit Altentötung verbinden, wie es aus China und Japan berichtet wird. Auf der einen Seite gelten dort konfuzianische Prinzipien, nach denen ältere Menschen zu ehren und zu respektieren sind, auf der anderen Seite gibt es Geschichten aus früheren Zeiten, in denen Familienangehörige auf Bergen ausgesetzt wurden, wenn sie zu alt und gebrechlich wurden. Heute gibt es in Japan hohe Selbstmordraten unter alten Menschen, insbesondere unter älteren Frauen, die in Mehrfamilienhaushalten leben. In Zeitungen kursieren Berichte über den Aokigahara-Wald am Nordwesthang des Fuji, Japans heiligem Berg, und Selbstmordhandbücher vermitteln notwendiges Know-How.

»The Ballad of Narayama«

Dieser Film setzt die Erzählung von der Altentötung in Japan dramatisch ins Bild: Ein Sohn begleitet seine 69-jährige Mutter auf den Berg Narayama, wo sie der Tradition gemäß sterben will. Ihr Sohn will sich jedoch nicht mit dem Tod der Mutter abfinden. Im Westen hoch gelobt, erhielt der Film die »Goldene Palme« bei den Filmfestspielen in Cannes. Dem Publikum hierzulande hat sich die im Film erzählte Geschichte oftmals als Bild vom Alter im früheren Japan eingeprägt.

The Ballad of Narayama
Buch und Regie: Shohei Imamura
Japan 1983
Fotos: Toei / The Kobal Collection

Unsere Bilder vom Alter und Älterwerden in anderen Kulturen sind von den beiden Extremen Altentötung und Altenverehrung geprägt. Wir schauen auf andere Kulturen, um uns an ihnen zu orientieren oder um ihre Traditionen als Argument für die Auseinandersetzungen in unserer eigenen Kultur zu nutzen. Man kann den Fortschritt unserer Kultur hervorheben (nie ging es Älteren besser als heute bei uns), man kann auf mangelnden Respekt gegenüber den Alten hinweisen und neue Rechte einfordern – immer aber scheint auf, dass es keinesfalls feststeht, was das Alter ist, wann es beginnt und was es heißt, alt zu werden.

»Das Alter« gibt es nicht – Simone de Beauvoir hat mit ihrer Ansicht vollkommen Recht. Wenn wir Alter und Älterwerden in verschiedenen Kulturen sorgsam betrachten und unsere eigene Kultur mit in die Reflektionen einbeziehen, sehen wir, dass das Alter eine ganz heterogene Gruppe von Menschen umfasst. Wer wann als wie alt gilt und welche Konsequenzen das hat, wird ganz unterschiedlich aufgefasst, und die jeweiligen Ausprägungen verschiedener Altersprozesse sind sehr voneinander verschieden. Die wichtigste Erkenntnis, die wir aus dem Blick über den Tellerrand gewinnen, liegt in der Kulturgebundenheit von jeglichen Vorstellungen über das Alter. In dieser Einsicht liegt auch eine Hoffnung begründet – denn wir sehen, dass dem Älterwerden in der eigenen und in fremden Kulturen Vorstellungen zugrunde liegen, die sich jederzeit wieder ändern können. An der Veränderung überkommener, nicht mehr passender Sichtweisen können wir uns alle beteiligen.

Prof. Dr. Dorle Dracklé ist Ethnologin und lehrt am Institut für Kulturwissenschaft der Universität Bremen. Sie wurde 1957 geboren und forscht über Medien und Interkulturalität, Lebenslauf, Bilder vom Tod und Selbstmord.

Literatur:

de Beauvoir, Simone: Das Alter. Reinbek 1995 (1970[1])
Der Spiegel: Die Rentenreform. Oder: Wie die Alten die Jungen ausplündern. In: 1997, Nummer 6. Titelbild
Gutmann, Bruno: Das Recht der Dschagga. München 1926
Hazan, Haim: Old Age. Constructions and Deconstructions. Cambridge 1994
Jensen, Ines: »Ja, ja, bald muss ein Rentner einem anderen helfen«. Altersversorgung zwischen Tradition und Moderne bei den Chagga. In: Dracklé, Dorle (Hg.): Alt und zahm? Berlin 1998
Legesse, Asmarom: Gada: Three Approaches to the Study of African Society. New York 1973
Myerhoff, Barbara: Number our Days. New York 1977
Schurz, Heinrich: Altersklassen und Männerbünde. Berlin 1902

Mein Leben mit dem Alter

Şinasi Dikmen

Mein Enkelsohn hat mich mal gefragt, warum alle Opas alt sind. Ob ich zuerst Opa geworden sei, dann alt, oder zuerst alt und dann Opa? Ich antwortete ihm, dass ich zwar sein Opa sei, aber doch noch nicht alt. Ich fühlte mich nicht alt, als ich ihm diese Antwort gab. Mein Schwager wurde mit 38 Opa. Mit 17 war er schon verheiratet und seine Tochter bekam ihr erstes Kind mit 19. Dass Altsein mit dem Alter nichts zu tun hat, wollte ich meinem Enkel vermitteln.

Alt geworden bin ich erst, als ich mit meiner Frau in der Türkei auf den Markt ging und bei einer jungen Frau einkaufen wollte. Die Frau war ungefähr 35 bis 40 Jahre alt, sah sehr gut aus, hatte leicht gerötete Wangen, wohl von der Kälte, eine kräftige Statur, gepflegte Hände und ihre Blicke schenkten jedem Einkäufer gute Laune. Mit einem verführerischen Lächeln fragte sie: »Was kann ich für dich tun, Onkel?«

Onkel heißt in der türkischen Sprache, wie auch in der deutschen Sprache, der Bruder des Vaters, im Türkischen aber auch: alter Mann. Ich drehte mich um, schaute hinter mich und suchte nach ihrem Onkel. Außer meiner Frau und mir stand aber niemand da. Um sicher zu sein, drehte ich mich noch einmal um: Kein Zweifel, ihr »Onkel«, also ihr alter Mann, war ich. Außerdem duzte sie mich, so wie ein Arzt seinen Patienten duzt – oder ein kleines Kind eben seinen Opa. Da kaufte ich nicht ein, obwohl sie sehr frisches Gemüse hatte.

Unterwegs stellte ich mir die Frage: Bin ich wirklich *alt*? Im Bett hätte ich es mit dieser Frau sehr wohl aufgenommen. Auch ihre kecke, verführerische Art hatte bei mir ihren Eindruck hinterlassen. Wäre meine Frau nicht dabei gewesen, hätte ich zumindest sehr gern mit ihr geflirtet. Wenn ich offiziell gefragt werde, verberge ich mein Alter selbstverständlich nicht, dann sage ich die Wahrheit. Aber so alt wie ihr Onkel, den ich ja überhaupt nicht kenne, bin ich auf keinen Fall. Zu Hause schaute ich mir meine Frau genauer an; ja, sie ist ihre Tante geworden. Dass ich es bis heute nicht bemerkt hatte, verwunderte mich schon. Alle Frauen um mich herum sind zu schnell alt geworden. Bei manchen Frauen fragte ich mich im Nachhinein, ob ich überhaupt, und wenn schon, wie ich mit ihnen geschlafen habe... Ohne dass ich es bemerkt hatte, waren sie vielleicht auch früher schon zu alt gewesen. Aber ich doch nicht! Ich ging ins Badezimmer, wo der Vergrößerungsspiegel hängt. Bis in die kleinste Haarwurzel untersuchte ich mich. Meine Nase, meine Stirn, meine Mundwinkel, meine Tränensäcke... Ich bin doch, verdammt noch mal...

Schneidermeister Memduh Aki in Berlin
Foto: picture-alliance / Berliner_Kurier

Ich gebe zu, dass ich mich inzwischen anstrengen musste, um meine Schnür-
senkel zuzubinden. Das habe ich früher nicht nötig gehabt! Oder wenn ich
schwungvoll die Treppe hinauflaufe, muss ich oben im Wohnzimmer verschnaufen.
Früher unterhielt ich mich mit meinen Freunden über die Höhe unserer Gehälter,
jetzt über die Höhe unseres Blutdruckes oder Blutzuckers, aber über unser Alter
sprechen wir nicht.

Bis zum Onkel dieser jungen Dame in der Türkei hatte ich mir keine Gedanken
darüber gemacht, wo ich alt werden würde, beziehungsweise wie schnell ich alt
werde. Seit fast 40 Jahren lebe ich hier. Ich wollte immer zurück in die Türkei,
seit 40 Jahren. Nach und nach habe ich diese Idee aber fallen lassen, weil ich
jedes Jahr einen Enkel bekommen habe. Sie sind so süß, so leicht zu erziehen,
nicht wie meine eigenen Kinder. Wenn sie nicht mehr erziehbar sind, wenn sie
sich gegen meine Erziehung wehren, wenn sie zudringlich und frech werden,
schicke ich sie ihren Eltern zurück.

Nun also das. Ich fing an nachzudenken. Wo werde ich den Rest meines Lebens verbringen? In Deutschland? Als junger Mann habe ich gerne hier gelebt. Ich arbeitete mit hohem Tempo, nichts war mir zu langweilig. An einem Abend spielte ich in Bochum, am nächsten Tag fuhr ich meinen VW-Bus bis nach Wien, am Abend lieferten wir dann dort eine wunderbare Vorstellung ab und am dritten Tag spielten wir in Maintal zum ersten Mal das neue Programm. Geprobt hatten wir unterwegs. Ich lebe noch sehr gern hier, ich genieße die Vielschichtigkeit dieses Landes. Wenn ich in Frankfurt am Main auf die Leipziger Straße gehe, höre ich die unterschiedlichen Klänge der verschiedenen Sprachen der Welt.

Foto: picture-alliance / KPA / Aquila

Letzte Woche holte ich meinen Enkelsohn vom Training ab. Er wollte unbedingt mit der U-Bahn fahren. Es gefiel ihm, in seiner Trainingshose U-Bahn zu fahren. »Dann sieht jeder, dass ich ein Fußballer bin.«, gab er an. An einer U-Bahnhalte-stelle stieg ein alter Mann zu und stellte er sich genau neben uns. Ich flüsterte meinem Enkelsohn zu: »Da steht ein alter Mann, gib ihm deinen Platz, mein Lieber.« Er schaute mich verdutzt an und sprach laut: »Welchem von diesen alten Knackern soll ich denn meinen Platz anbieten, Opa? Diesem? Oder dem anderen oder dem da? Von diesen alten Knackern leben ja Tausende in Deutsch-land. Ich jedenfalls habe heute hart trainiert. Hab keine Scheu, Opa. Wenn du willst, kannst du ihm gerne deinen Platz geben.« Manchmal rutscht ihm auch mein Vorname aus dem Mund. Anstatt mich »du, Opa« zu rufen, sagt er einfach: Könntest du bitte hierher kommen, Şinasi? Ich habe ihn korrigiert, so oft ich konnte. Seine Mutter behauptet, das habe ihr Junge in der Schule gelernt. Die deutschen Kinder dürften ihren Opa mit dem Vornamen rufen.

Vor drei Monaten besuchte ich meinen Schwager, den Bruder meiner Frau, im Altersheim. Da seine Kinder weit weg von Stuttgart wohnten, hat er sich selber ein Altersheim ausgesucht. Er wohnt in einem Zimmer mit Dusche; er darf sich bewegen, wie er will, aber... Zum Essen sitzt er mit drei alten Menschen an einem Tisch. Er weiß nicht, was er ihnen erzählen soll. Er kann sie ja nicht fragen, »Sagen Sie, mein Lieber, in welchem Regiment haben Sie gedient, ich bin mit dem meinen vor Stalingrad gewesen...« Er als Türke – vor Stalingrad? Was würden die dann sagen? »Will er uns nun verarschen, oder waren die Türken wirklich mit uns vor Stalingrad?« Als Alter hat man viel zu erzählen, soll aber nicht so viel reden. Ich persönlich könnte es in diesem Heim nicht aushalten.

Nach 40 Jahren in die Türkei zurückkehren und dort den Rest des Lebens verbringen? Aber wo? In meinem alten Dorf? Da ist doch niemand übrig geblieben, außer zwei oder drei Männern, die von ihren eigenen Kindern dort gelassen wurden. Natürlich ist man in der Türkei als einer, der mit einer ziemlich guten Rente in der Tasche aus Deutschland kommt, immer noch gut gestellt. Aber an der jüngeren Geschichte des Dorfes habe ich nicht mitgeschrieben, und viele Kinder und Enkelkinder des Dorfes kenne ich noch nicht einmal. In der Türkei gibt es allmählich auch keine Großfamilie mehr, wo man mit seinen Kindern und deren Kindern in einem Hof lebt. Und auch wenn ich so eine Familie hätte, würde ich ja selber nicht hineinpassen, mit meinen ganz persönlichen Gewohnheiten und Sorgen. Ich will zwei Schritte vor mir sehen, was danach kommt. So habe ich es in Deutschland gelernt. Dagegen leben sie in der Türkei von heute auf morgen. Ohne meinen Tagesplan kann ich nicht mehr in meinem Dorf leben. Dessen Zeitlosigkeit würde mich aus meiner Bahn werfen.
Meine Enkelkinder mag ich besonders dann sehr gern, wenn sie sich nach drei Tagen Besuch wieder von mir verabschieden; sie immer bei mir zu haben? Nein, danke! Der Krach der Jugend, die Sorglosigkeit, die Dummheit und Frechheit der Jugend wären mir einfach zu viel.

Ob ich dasselbe von meinen Kindern verlangen würde, was meine Eltern von unserem im Dorf gebliebenen Bruder bekommen haben? Mein Bruder hat das Feld der Eltern bestellt, sie nie allein gelassen, unsere Mutter gepflegt, während seine Frau mit den Kindern in Ankara leben musste, wegen der Enkelkinder. Jemand musste ja auf die Enkelkinder aufpassen, weil beide Eltern arbeiten mussten. Und mein Bruder lebt nicht mehr, er ist allein in unserem Elternhaus gestorben, kurz und schmerzlos, ist zu Bett gegangen und nicht mehr aufgestanden. Er hat es besser gehabt als unsere Mutter.

Ein Altersgenosse hat mir einmal vorgeschlagen, in der Türkei ein breites Grundstück zu kaufen, zusammen mit einigen Freunden, um dort ein gemeinschaftliches Altersheim zu bauen, mit allem Drum und Dran: in der Mitte die Bäckerei und die Wäscherei, ein Pflegedienst mit jungen Mädchen aus Aserbaidschan, Turkmenistan, Tadschikistan... also mit den Polen der Türken. Sie könnten türkisch, wären hübsch und anspruchslos. Wir haben diesen Plan dann fallen lassen, weil wir kein Geld dafür hatten, und bewundern weiterhin die türkischen Rentner in Deutschland, die sechs Monate hier bei ihren Kindern angemeldet bleiben und sechs Monate in der Türkei leben: In den sechs Monaten hier gehen sie zu ihren Ärzten, besorgen sich ihre Beta-Blocker, antidiabetische Medikamente, besuchen die Krankengymnastik, bekommen ihre Massagen, schenken dazwischen ihren Enkelkindern etwas zu Weihnachten und ab geht es in die Sonne. Die Deutschen, die dasselbe Leben in der Türkei führen, haben mit Deutschland viel weniger zu tun als diese Türken. Ich aber will meinen Kontakt zu Deutschland behalten. Will ich also in einem Altersheim in der Türkei leben – vielleicht mit deutscher Atmosphäre, doch auf türkische Art? Das Altersheim müsste sauber und straff geführt werden, mit türkischer Lockerheit in der deutschen Sprache, mit türkischen Gedanken. »Geht so was?«, fragen Sie? Ich habe es noch nicht probiert, aber einen Versuch wert wäre es schon.

Şinasi Dikmen, geboren 1945 in der Türkei, ist Schriftsteller und Kabarettist. Er kam 1972 nach Deutschland und lebt in Frankfurt am Main. Er leitet sein eigenes Theater, DIE KÄS.

Frau Hering und Herr Cumali
im muslimischen Gebetsraum des multikulturellen Altenheims
»Haus am Sandberg« in Duisburg
Foto: picture-alliance / dpa / dpaweb / Federico Gambarini

Gedanken über das Altwerden

Peter Sartorius

Beim Nachdenken übers Älterwerden – genauer: übers ganz Altwerden – ist es ratsam, mit Banalem anzufangen, weil einen sonst die Komplexität des Themas allzu leicht überwältigen kann. Also: Dass er älter wird, merkt der Mensch zunächst auch daran, dass seine Haare, sofern sie ihm nicht ausgefallen sind, sehr viel schneller wachsen als in früheren Jahren. War es nicht erst gestern, dass er beim Friseur war? Und schon wieder ist er überreif für einen Fassonschnitt, wobei überhaupt nur die ganz Alten wissen, dass es einen Fassonschnitt gibt, ohne dass sie sich aber erinnern, inwieweit er sich von einem gewöhnlichen Haarschnitt unterscheidet. Aber darauf kommt es auch gar nicht an. Was Anlass zum Nachdenken gibt, ist vielmehr, dass man eben schon wieder zum Haareschneiden muss. Das Gefühl für Zeit verändert sich im Laufe eines Lebens auf eine Weise, dass es dem Kopf so vorkommt, als ob das, was vor Monaten war, erst gestern gewesen sei. Die Tante hat es in aller Klarheit erkannt. Merkwürdig, hat sie gesagt, gerade war Weihnachten, jetzt ist Ostern und morgen Pfingsten und dann gleich wieder Weihnachten.

Irgendwann hat sie ein weiteres Weihnachten nicht mehr erlebt. 97 Jahre ist sie alt geworden.

Die Wahrscheinlichkeit spricht dafür, dass ich so alt nicht werde. Aber würde ich es denn überhaupt wollen? Und schon bin ich mitten im Thema. Nicht, dass ich mit meinen 72 Jahren lebensmüde wäre und auf der letzten Lebensetappe aussteigen wollte wie ein Marathonläufer, dem seine bleischweren Beine signalisieren, er möge sich doch bitte die mühsamen letzten Kilometer schenken. Ganz und gar nicht. Ich genieße es, dass um mich herum eine Familie versammelt ist, die vier Generationen umfasst, darunter die Urgroßmutter unserer Enkel. Und ich freue mich, dass ich körperlich noch einigermaßen in Schuss bin und auch geistig... aber das sollen andere beurteilen. Jedenfalls, ich fühle mich eigentlich fit für die Zielgerade im Lebenslauf.

Und dennoch flößt mir das Alter, das möglicherweise bevorstehende hohe Alter, zunehmend Angst ein.

Es geht dabei gar nicht so sehr darum, dass ich fürchte, physisch unbeweglich zu werden. So etwas wird kommen, wenn ich noch viel älter werden sollte, und ich werde der Hinfälligkeit hoffentlich mit Würde und Gelassenheit begegnen. Von allen Altersgebrechen wäre das Schwinden der Bewegungsfähigkeit, Bewegungs-

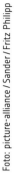

Foto: picture-alliance / Sander / Fritz Philipp

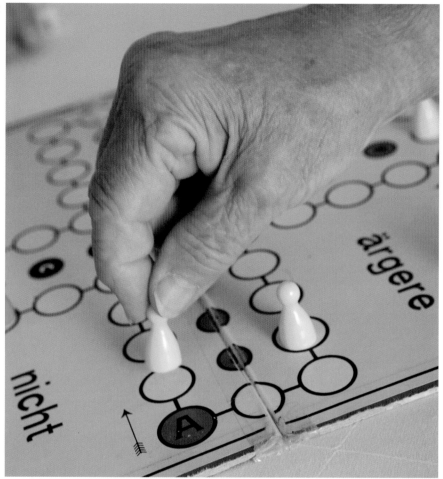

freiheit noch am ehesten zu ertragen, vorausgesetzt, dass es nicht mit übermä-ßigen Schmerzen verbunden ist. Wie es sein würde, wenn ich, bedingt durch Schicksalsschläge, plötzlich allein sein sollte, niemanden mehr haben sollte, keine Familie – den Gedanken daran vermag ich nicht zu Ende zu denken. Aber die Gebrechlichkeit allein würde ich vermutlich ertragen können. Auch in einem eng gewordenen Lebensraum, denke ich mir, in der letzten Bleibe, kann der Mensch, im Sessel sitzend, sich auf dem Laufenden halten – und sei es auch nur durch Zeitungslektüre und durch die Inanspruchnahme der Segnungen von Fernsehen und Internet. Sagen wir es so: Das Leben ließe sich in Maßen aushalten, auch wenn ich mich dann möglicherweise doch auch fragen müsste, zu welchem Zweck ich eigentlich aushalten, ausharren sollte, ohne konkret ein anderes Lebensziel noch vor Augen zu haben als den eigenen Tod. Es ist eine Facette der uralten Sinnfrage, und andere sollen bitte darüber nachdenken.

Ich selbst, so male ich es mir aus, würde eines Tages erkennen, dass ich das Buch, das ich immer schreiben wollte, niemals mehr schreiben werde, ja sogar, dass ich das Buch, das ich immer lesen wollte, nie mehr lesen werde. Allmählich würde ich mich daran machen, mich vom Leben zu verabschieden.

Aber das Leben wird möglicherweise oder sogar vermutlich so bequem nicht ablaufen. Die wirklichen Probleme, jene die Kopfschmerzen machen, fangen schon beim Marginalen an, wenn auch gewiss nicht beim Haareschneiden, obwohl auch dies Fragen aufwirft, weil der Friseur, bei dem ich seit 35 Jahren Kunde bin, mit mir alt geworden ist und ich, wenn er aufhört, nur schwer Gefallen an einem Neuanfang bei einem anderen finden könnte. Schwerwiegender ist schon die Sorge, ich könnte in der mir noch zur Verfügung stehenden Zeit – in diesen rasend schnell vergehenden Jahren, selbst wenn es noch fünf, zehn oder gar zwanzig sein sollten – nicht die Energie aufbringen, mich dessen zu entledigen, was sich im Verlauf von sieben Jahrzehnten in einem chaotischen Durcheinander in Schränken und Speichern als Ablagerung meines Lebens angesammelt hat. Ich möchte nicht, dass meine Frau, die Tochter, die Enkel, all die Memorabilien in den Müll geben müssen. Aber einer muss es tun. Und weil das so ist, möchte wenigstens ich es sein, auch wenn ich nicht sicher bin, dass ich die Willenskraft dafür aufbringen werde. Und wenn ich mich dann doch zu dem befreienden Akt entschließen könnte – würde ich dann noch die physische Kraft haben, das Sperrgut meines eigenen Lebens zu entsorgen?

Klar, dies ist ein Luxusproblem angesichts der unerträglichen physischen Schmerzen, die über so viele Alte herfallen. Und der psychischen Not derjenigen, die sich von der Welt vergessen fühlen. Und des Elends, in das immer mehr Menschen gestoßen werden, weil zu wenig oder gar keine Mittel zur Verfügung stehen, die ihnen ein letztes Dasein in Würde verschaffen könnten. Solche Aussichten sind nun wirklich erschreckend. Aber andererseits: Betreffen sie wirklich mich? Haben meine Frau und ich nicht Vorsorge getroffen, dass das Ersparte, wenn alles gut geht, ausreicht für unseren Lebensabend? Und ist es nicht so, dass ich, im Ernstfall, als ultima ratio, als letzten Ausweg, immer noch selber entscheiden könnte, inwieweit ich bereit bin, physische oder psychische Schmerzen weiter zu ertragen?

Was mich wirklich erschreckt, ist anderes. Es hat damit zu tun, dass es das Älterwerden mit sich bringt, dass man vertraut wird mit Altendomizilen und Seniorenstiften oder wie immer sich die Einrichtungen freundlich nennen, die darauf warten, uns Alte aufzunehmen. Was mich angeht, so besuche ich sie nicht deshalb, weil ich selbst bereits Vorbereitungen träfe für einen letzten Umzug dorthin, sondern weil es in der weiteren und engeren Familie immer noch Ältere gibt, die zu pflegen die Kräfte der Familie übersteigt. Und dabei nehme ich wahr, dass alle Vorstellungen von einem von mir selbst zu steuernden Lebensausklang mehr als brüchig sind. Zu meiner Bestürzung werde ich mit

Foto: picture-alliance / dpa / Gero Breloer

einer Krankheit konfrontiert, die nicht in den Gliedern oder Gedärmen, sondern im Kopf ausbricht, sich durch einen Wackelkontakt im Hirn bemerkbar macht und irgendwann in einem Kurzschluss endet. Natürlich ist Demenz nichts Neues. Jeder weiß von ihr. Aber für mich ist es immer eine abstrakte Krankheit gewesen, eine Krankheit der anderen, eine Krankheit, an welcher der prominente Künstler litt oder leidet. Oder der Professor für Rhetorik, ausgerechnet er. Oder der Landesbischof, der doch vor kurzem noch so voller Leben war. Oder der amerikanische Präsident, der sich, bewunderungswürdig, mit dem Hinweis auf die Unheilbarkeit seines Leidens, selbst, aus eigener Kraft, von der Öffentlichkeit verabschiedet hat, so lange er noch dazu fähig war. Und hat nicht auch Herbert Wehner, den in seiner Wortgewalt nur noch die jetzt Älteren erlebt haben, daran gelitten? Es waren viele und doch, so erschien es mir, immer nur Einzelfälle. Aber jetzt begegne ich derart häufig dieser Krankheit, nicht nur in den Heimen, sondern auch in den Zeitungsspalten, dass es mir so vorkommt, als sei die Demenz der Regelfall des Alters, und als seien Menschen wie der jetzt 90 Jahre alte frühere Bundeskanzler Schmidt mit seinem nach wie vor klaren Verstand nur die ganz seltene Ausnahme.

So gesehen, ist die Vermutung nicht abwegig, dass auch ich die Krankheit erleiden werde. Und das ist es, was mir Albträume bereitet. Ich fange an, in mich hineinzuhorchen. Sind die zunehmende Schusseligkeit und die Namensvergesslichkeit schon ernstzunehmende Symptome? Kann ich etwas gegen die Krankheit tun, ohne anzufangen, Kreuzworträtsel lösen zu müssen, um das Hirn zu trainieren? Das nur nebenbei: Ein Leben mit Kreuzworträtseln als Gesundheitstherapie wäre auch nicht das, was ein Leben lebenswert macht. Überhaupt: Ich will nicht mit Gewalt ständig trainieren müssen, auch nicht den Kopf. Es stünde dem entgegen, was ich generell als ein Privileg des Alters empfinde, nämlich dass ich mich zu nichts mehr zwingen muss und dass die Umwelt Nachsicht mit mir zu haben hat. Umso größer die Sorge, im Kopf könnten die Verbindungswege in die Erinnerung plötzlich verstellt sein. Nun könnte ich mir freilich einreden, dass mich dies nicht allzu sehr zu kümmern bräuchte. Ich würde es ja vermutlich gar nicht so empfinden. Demenz wird für den Betroffenen deshalb sogar manchmal als Gnade empfunden. Aber ist es wirklich so? Oder anders: Ist es immer so und bei allen so? Ich höre, ganz konkret, durch die Zimmertüren in den Heimen hindurch verzweifelte Rufe nach einer Errettung aus einem Dunkel, das sich meiner Vorstellungskraft entzieht. Und ich sehe Demenzkranke in ruhelosen Wanderungen über die Flure nach einem Licht tasten, das sie nie finden.

Nein, ich möchte so nicht dem Tod entgegengehen. Und darum bin ich so besorgt, auch darüber, dass ich keine Lösung sehe, die es mir erlauben würde, einem solchen Leben durch Flucht in den Tod auszuweichen. Es ist ja nicht damit getan,

Foto: picture alliance / Picture Press / Maximilian Stock Ltd.

Angehörigen notariell beglaubigte Vollmachten und Ärzten medizinische Anweisungen zu geben, was meine Frau und ich beides getan haben. Wenn es nicht um das körperliche, sondern das mentale Sterben geht, bleibt einem am Ende nichts übrig, als selbst zu entscheiden. Und eben dazu ist man dann, wenn man handeln müsste, nicht mehr in der Lage. Es ist diese Erkenntnis, die mich ratlos macht. Wenn die Krankheit über mich kommen sollte, wäre ich ihr machtlos ausgeliefert und, noch erschreckender, meine Familie ebenso. Sie würde, mehr noch als ich selbst, unter meinem Leiden leiden, müsste erleben, wie ich Fürsorge und Zuneigung missachte. Und neben allem anderen und in einem Anflug von Eitelkeit: Es ist ein unerträglicher Gedanke, dass meine Enkelkinder mich je so erleben. Ich wünsche mir, dass sie mich als jemanden in Erinnerung behalten, der ihr Spielkamerad gewesen ist, auch ihr Ratgeber und Lehrmeister. Die Enkelin, jetzt bald drei, begreift mich, so bilde ich mir ein, als einen Opa, zu dem sie nicht nur wegen der Körpergröße aufsieht, fast so wie zu ihren Eltern. Ich habe mitgeholfen, dass sie die ersten Schritte in aufrechter Haltung ins Leben gehen konnte. Mit ihr und ihrem jüngeren Bruder würde ich gern noch einmal die Abenteuer bestehen, die ich schon mit ihrer Mutter, unserer Tochter, bestanden habe, als diese noch ein Kind war. Ich würde mich, so lange das noch geht, überwinden und von schwindelerregend hohen Sprungbrettern hinunter springen und mich, wenn ich zu körperlichen Mutproben nicht mehr in der Lage wäre, mit den Enkeln über Bücher beugen und versuchen, ihnen die Welt zu erklären.

Es ist die vielleicht allerschönste Vorstellung vom Alter – dass ich, eingebettet in die Familie, bei den Enkelkindern als Trainer an deren Fitnessprogramm fürs Leben beteiligt sein darf.

Aber gerade war Weihnachten, und schon kommen Ostern und Pfingsten und dann Weihnachten. Viel Zeit bleibt nicht. Morgen schon werden die Enkel halb erwachsen sein. Die Enkelin wird ihren ersten Liebeskummer haben und der Enkel vielleicht auf dem Sportplatz ein sagenhaftes Tor schießen. Ich darf nicht davon ausgehen, dass ich dann noch am Leben sein werde. Aber der Gedanke, dass ich es erleben werde, bei vollem Bewusstsein, huscht doch gelegentlich durch den Kopf. Ich würde dann zuhören, die Enkelin trösten und den Enkel bewundern. Und mich auf den nächsten Besuch freuen, ja, wie ein Kind.

Und so verdränge ich mit einer wunderschönen Vision am Ende den Gedanken daran, dass vielleicht alles anders verläuft und mir die Enkelkinder einmal als Fremde gegenübertreten werden, mit denen ich nichts anzufangen weiß. Und sie nichts mit mir.

Peter Sartorius, geboren 1937, war Reporter und leitender Redakteur der Süddeutschen Zeitung. Er lebt in der Nähe von München.

Lebenszeit, Alterszeit – Ein Rückblick aus der Zukunft

Silke Rummel

Wo sind die Jahre geblieben? Vorbei, vergangen. Der größte Teil des Lebens war gelebt. Sabine blickt in den Spiegel, betrachtet das feine Netz aus Falten, schüttelt die kurzen silbrigen Haare. Die Zukunft schrumpft, die Vergangenheit gewinnt an Gewicht... Macht nichts, denkt Sabine, legt den Spiegel weg und stützt den Kopf in die linke Hand. So ist es eben, das Alter. Irgendwie auch schön. Wie hatte sie sich vor 30 Jahren vorgestellt zu leben, wenn sie einmal alt sein würde? So wie es jetzt war?

Der Nebel liegt an diesem Septembertag schwer über den Häusern. Smog. In zwei Monaten und zehn Tagen, exakt am 1. Dezember 2038, wird ihr Berufsleben enden. Vorgezogener Ruhestand mit 68 Jahren. Rückzug aufs Altenteil? Sabine weiß um ihr Privileg des Beamtendaseins. Schließlich gibt es an den Schulen und Hochschulen kaum noch Beamte. Obwohl sie die letzten beiden Jahre bis zum gesetzlich vorgeschriebenen Renteneintrittsalter nicht mehr arbeiten würde, kann sie von ihrer Pension gut leben. Bei ihren Eltern war das noch anders: Da galt man mit Mitte 50 als alt und wurde in den Vorruhestand geschickt.

Bilder der Vergangenheit ziehen an ihrem inneren Auge vorüber: Schule (sie war damals eine von fünf Sabines in der Klasse), Soziologiestudium, Promotion, Habilitation, just in jener Zeit, als immer häufiger von demografischem Wandel und demografischer Katastrophe, vom »Methusalem-Komplott« und dem Krieg der Generationen, 50plus, Altenlast, Seniorenmarketing, den »jungen«, den »alten« und den »neuen« Alten die Rede war. Die Begriffe wechselten. Bilder aus jenen Zeiten tauchen auf, als im Flugzeugcockpit noch Piloten saßen, die ersten U-Bahnen führerlos fuhren, Navigationsgeräte ohne Umwege und Verirrungen ans Ziel lotsten, die Menschen durch Handy und Internet immer erreichbar waren, der Datenschutz aber zunehmend missachtet wurde.

Aufgewachsen in einer badischen Kleinstadt ging Sabine, Jahrgang 1970, zum Studium nach Berlin. Und blieb. Während der Habilitation bekam sie ihre Tochter, Marie, heute 30 und selbst gerade schwanger. Die Trennung von Maries Vater erfolgte zwei Jahre nach der Geburt. Neue Liebschaften kamen und gingen, Affären, nichts von Dauer. Marie wurde größer, machte den Führerschein, mit Bravour das Abitur, wurde erwachsen. Die Universität forderte Sabine, gab Anerkennung.

Fotos: Andreas Arnold

Nun also sitzt sie hier, das Blatt Papier und
den Füller vor sich – sie liebt es, mit der
Hand zu schreiben – und notiert die Namen
derer, die eine Einladung zu ihrer Abschieds-
feier bekommen sollen. Stefan war mit
83 Jahren vor zwei Wochen gestorben.
Sie kannten sich, seit sie in der Mensa
zufällig ins Gespräch gekommen waren.
Stefan hatte Krebs. Trotz neuer Medikamente konnte ihm die Medizin nicht helfen.
Seit sie sich erinnern kann, verkünden die
Medien in regelmäßigen Abständen den
Sieg über den Krebs. Pyrrhussiege. Wenn
Sabine daran denkt, wie Stefan kurz vor
seinem Tod dagelegen hat, die Schmerzen
betäubt, kaum bei Bewusstsein... Sie wird
ihm nie mehr in die Augen sehen, nie mehr
seine spöttischen Bemerkungen hören
können. Ihr Herz wird eng.

Zusammen mit Stefan und vier anderen Freunden hatte Sabine schon vor 18 Jahren ein Haus am Rande Berlins gekauft und die einzelnen Wohnungen altersgerecht und energieeffizient umgebaut. Es war nicht leicht zu finden. Leer stehende Einfamilienhäuser dagegen gab's – zumal auf dem Land – wie Sand am Meer. Einmal pro Woche wird zusammen gekocht, die Haus-Bewohnerinnen und -bewohner treffen sich im Innenhof oder im Gemeinschaftsraum. Ansonsten respektiert jeder den Rhythmus und die Eigenheiten des anderen. Hier muss keiner weg – selbst dann nicht, wenn es einem schlechter gehen sollte.

Da ist ja auch noch Sepp, der sprechende Roboter, Modell Bavaria. Ihm kann man sagen, wie die Heizung reguliert werden soll. Er meldet sich, wenn der Kühlschrank aufgefüllt werden muss. Ist er eingeschaltet, will Sepp morgens mit einem zünftigen »Pfiat di!« begrüßt und abends mit einem leisen »Servus« schlafen geschickt werden. Ein kleiner Gag der Entwickler. (Modell Hamburg verlangt ein »Moin, Moin!«, Modell Frankfurt ein »Morsche!«.) Auch wenn das Aussterben der Dialekte seit Jahrzehnten prophezeit wird ... Lokalkolorit vermittelt doch Heimat, denkt Sabine. Früher wie heute.

Mit Kamera-Augen und Sensoren passt Sepp auf sie auf und registriert jeden Schritt. Er weiß, wann sie trinken muss. Er würde via Satellit die Bilder zur Notruf-Zentrale senden, wenn sie leblos am Boden läge. Sabine testet schon mal das Zusammenleben mit ihm und ob Sepp sie waschen und lagern könnte, falls sie pflegebedürftig würde. Echte Menschen sind Sabine lieber. Aber derzeit wäre es schwierig, überhaupt Pflegekräfte zu bekommen. Der Bedarf ist riesig, der Markt leergefegt, die Kosten enorm.

Zum Glück ist sie noch fit. Trotzdem graut ihr vor dem Tag, an dem sie nicht mehr kann. An dem sie darauf angewiesen sein wird, Hilfe anzunehmen. Wie würde es sein? Würde sie gefüttert und gewindelt werden müssen? Sie, die es gewohnt ist, auf sich gestellt zu sein! Würde sie Schmerzen haben? Würden ihre geistigen Fähigkeiten nachlassen? Sabine kann nicht klagen. Sie hat genug zurückgelegt. Für ihr Alter sieht sie, wie man so schön sagt, noch gut aus. Das regelmäßige Yoga macht geschmeidig. Na gut, sie hat ein paar Pfunde zu viel, obwohl sie seit 51 Jahren kein Fleisch isst. Aber dem allgemeinen Trend, den Körper künstlich zu verjüngen, überschüssiges Fett oder Falten wegzulasern, kann sie nichts abgewinnen. Die Zeit hinterlässt eben ihre Spuren.

Ihre Tochter Marie hat ihr eigenes Leben fernab bei Stuttgart. Undenkbar, dass sie sich dereinst um ihre klapprige Mutter kümmern sollte. Da versteht Sabine ihren Nachbarn Alexander nicht. Unlängst hatte er bei der Feier seines 64. Geburtstags lauthals verkündet, er erwarte sehr wohl, dass seine 200 Kilometer entfernt wohnende Tochter ihren Beruf aufgibt, um ihn zu pflegen. Schließlich sei er ihr Vater und sie habe ja nur diesen einen. Hallo, wir haben 2038! Manche Männer ändern sich einfach nie...

Foto: Andreas Arnold

Sabine schreibt den Namen Katrin aufs Papier. Katrin ist 72, Journalistin. Als sie ihre Ausbildung machte, umgingen immer mehr Firmen den Tarifvertrag mit Leiharbeitern, Honorarkräften oder ausgegliederten Tochtergesellschaften. Damals fand der Begriff »Prekariat« seinen Eingang in den Alltagswortschatz. Jahrelang hatte Katrin entweder als Leiharbeiterin oder freiberuflich gearbeitet. Für die private Rentenvorsorge blieb kaum ein Cent übrig. Jetzt steht Katrin da.

Von »goldenem« Alter und freier Zeit im Überfluss kann keine Rede sein. Trotz Arthrose in den Fingern, Rückenproblemen und grauem Star schreibt sie für Onlinemagazine. Katrin mag ihren Job. Ihr Alter hat sie sich dennoch anders vorgestellt – ohne Zwänge und wirtschaftliche Nöte, ganz einfach freier.

Das Telefon summt. »Hast du Thomas gesehen?« Ihre türkischstämmige Nachbarin Canan klingt atemlos. »Ich habe ihn in den Sinnesgarten gebracht, war arbeiten, schnell einkaufen... Als ich ihn jetzt wieder abholen wollte, war er weg. Stell dir vor! Dabei ist das noch nie passiert!« Nein, sie hatte Thomas nicht gesehen. Seit acht Jahren leidet er an Alzheimer. Nach wie vor unheilbar. Thomas findet sich in der Welt nicht mehr zurecht. Es ist sicher nicht leicht hinzunehmen, dass der Mensch, mit dem man seit 33 Jahren zusammen ist, der einem vertraut ist und den man liebt, allmählich ein anderer wird. Angefangen hat es damit, dass er sich verirrte, wenn er vom Stammtisch mit seinen Freunden allein nach Hause wollte. Jetzt hat er Phasen, in denen er Canan höflich fragt, wer sie denn sei. Dann wieder wird er aggressiv und schreit sie an. Seit er mit anderen Demenzkranken täglich in den Sinnesgarten geht, ist er friedlicher. Und Canan fühlt sich nicht so alleine mit seiner Krankheit.

Der Sinnesgarten ist kostenlos. Angehörige von Demenzkranken haben die Initiative vor 20 Jahren gegründet. Aus den Mitgliedsbeiträgen bezahlen sie eine Betreuerin. Seit einigen Jahren müssen Betroffene und Angehörige selbst für die Kosten von Pflegebedürftigen aufkommen. Die staatliche Pflegekasse ist leer. Thomas hatte früher als Facharbeiter gut verdient; vor 30 Jahren hätte er ein sorgenfreies Auskommen gehabt. Durch die Rentenkürzungen sieht es jedoch nicht mehr so rosig aus. Canan geht mit ihren 70 Jahren noch putzen.

Sabine schaltet ihr Netbook an. Oh, eine 3D-Mail von Andreas. Er ist 75 und sonnt sich drei Viertel des Jahres am Swimmingpool seiner mallorquinischen Finca. »Liebe Sabine«, schreibt er, »Dein Ruhestand ist ja nicht mehr lange hin. Ich wollte Dich schon jetzt für die Zeit danach zu einem Trip auf die Insel einladen! Ein bisschen Sonne im Winter, wenn du es in Berlin nicht mehr aushalten solltest und Dir die Decke auf den Kopf fällt... Aber vorher komme ich natürlich zu Deiner Abschiedsfete. Mir geht's gut. Ich habe einen neuen Gourmet-Tempel aufgetan (lecker, lecker, den besuchen wir dann!). Selina ist ein wahrer Schatz. Alles Liebe, Dein Andreas«. Seine Freundin Selina ist 35 Jahre jünger, die beiden tun einander richtig gut. Aber Flugreisen sind teuer geworden. Nicht jeder kann es sich leisten, mal eben nach Mallorca zu jetten.

Eine Beziehung zu haben, ist mittlerweile eher die Ausnahme. Die Hälfte der über 60-Jährigen lebt alleine oder wie Sabine im selbst gewählten Ersatzfamilienanschluss. Jetzt also ist der demografische Wandel da, über den sie selbst so lange Jahre an der Uni geforscht hatte, denkt Sabine. Viele der Prognosen von damals sind die Realität von heute, oder? Sie schaut aus dem Fenster.

Unten auf der Straße geht Frau Rettich langsam vorbei. Sie ist 97, wohnt drei Häuser weiter und stützt sich schwer auf ihren Rollator. Es scheint, als wolle das windschnittige Gefährt mit der alten Dame davon sausen. Kürzlich hat Sabine von einer Rollatoren-Meisterschaft gelesen – mit Heidi Klum als Moderatorin.

Wie viele Ältere sitzen den ganzen Tag vor ihrem Heimkino und langweilen sich? Sie wissen nichts mit sich und ihrer Zeit anzufangen und beklagen, dass früher ohnehin alles besser gewesen sei.
War es das tatsächlich? Sabine ist froh, dass sie keine Langeweile kennt. Sie hat genügend Freunde und Interessen. Sie kann mit sich alleine auskommen, ohne bespaßt werden zu müssen. Mit den Jahren ist sie ruhiger geworden, nachdenklicher. Ist es nicht ein Kennzeichen des Alterns und des Alters, dass ab einem bestimmten Zeitpunkt manche Träume definitiv unerfüllt bleiben? In Anbetracht der vielen Möglichkeiten hat es etwas Beruhigendes, dass der eigene Lebensweg so und nicht anders verlaufen ist. Er ist ganz einfach Fakt. Sabine würde keine Opernsängerin mehr werden. Oder Model. Sie würde auch keine Hochleistungssportlerin mehr werden. Sie war ohnehin nie sonderlich sportlich.

Nein, sie will ihr Leben nicht mehr umtauschen, wie sie es früher, in Krisen-, Trauer- und Liebeskummerzeiten immer gefordert hatte. Sabine hat sich ausgesöhnt – mit sich und ihrem Leben. Und dennoch gibt es ein Heute und ein Morgen. Mit Träumen. Mit Wünschen. Mit Hoffnungen. Unweigerlich denkt sie an Tine. Ihre Freundin geht ganz in ihrem Bürgerprojekt auf, das sie zusammen mit einer Handvoll Leuten vor ein paar Jahren gestartet hat. Sie hatten keine Lust, sich in den herkömmlichen Vereinen zu engagieren. Sie wollten sich nicht nur über Internet-Foren und Communities austauschen. Sie wollten einen Verein, der unterschiedliche Interessen, Neigungen und Begabungen unter einem Dach bündelt. Jeder kann sich einbringen. Jeder kann umsetzen, was er sich wünscht. Und was es alles gibt: Benimm-Kurse und Computer-Training, Geschichts-Workshops, Musik-Nachmittage, Kinder lesen den Alten vor und schulen ganz nebenbei ihre Lesekompetenz. Der Renner sind gerade die 60plus-Partys mit Musik von früher. Da kommen selbst die 20-Jährigen.

Sabine schaut noch einmal in den Spiegel. Das Alter ist gar nicht so unbarmherzig: Sie ist ja schließlich nicht plötzlich über Nacht gealtert, sondern allmählich hinübergeglitten in die fortgeschrittenen Lebensjahre, getragen von den Momenten, die ihr Leben so einzigartig machen. Ihr Spiegelbild begleitet sie jeden Tag. Ihr Körper zeigt die Begrenzungen des Lebens an. Es gibt keinen Austritt aus der Zeit. Nicht vor dem Tod. Aber bis dahin ist es ja hoffentlich noch ein Weilchen hin…

Silke Rummel, Jahrgang 1970, ist Germanistin und Soziologin. Sie arbeitet als Redakteurin in Darmstadt.

DIE AUSSTELLUNG

Vielfältig und bunt:
»FaltenReich« zeigt einige Beispiele
der weltweit existierenden Kulturen
des Alterns.

Grafik: Gourdin & Müller

Altersbilder

Alle Menschen altern. Jede Gesellschaft entwickelt jedoch eigene Bilder vom Alter. Diese Vorstellungen können sich stark unterscheiden. Welche Altersbilder haben wir? Was genau verstehen wir unter »alt«? Und wie wirken diese Vorstellungen und Bilder auf junge und ältere Menschen?

Altern ist einerseits ein körperlicher Prozess. Andererseits altert niemand für sich allein: Das Altern des Einzelnen steht immer in Wechselwirkung mit der Gesellschaft, in der er lebt. Was wir Älteren zutrauen und was wir von ihnen erwarten, wirkt auf die Älteren zurück. Gesellschaftliche Erwartungen formen auch das Denken und Verhalten alter Menschen.

Je jünger wir sind, desto schwerer fällt es vielleicht, sich das eigene Alter vorzustellen. Technische Geräte sollen helfen, sich ein Bild vom Alter zu machen. Doch wird sich mein Alter wirklich so anfühlen? Werde ich tatsächlich einmal so aussehen? Keine noch so gute Simulation vom »Alter« kommt der Wirklichkeit nah genug. Jeder Mensch altert schließlich anders, je nachdem, wie er lebt.

Alterssimulator

Dieser Anzug verringert die Beweglichkeit, das Hören, Fühlen und Sehen. Damit vermittelt er ein Bild davon, wie das Alter sein kann, aber nicht unbedingt sein muss. Denn jeder Mensch altert auf ganz eigene Weise.

Der sogenannte Age Explorer soll das Alter für Jüngere erfahrbar machen. Er soll körperlich und sinnlich vermitteln, wie sich das Alter anfühlt. Unternehmen verbessern damit ihre Produkte und soziale Organisationen schulen damit ihre Mitarbeiter und Mitarbeiterinnen.

Deutschland
Ende 20. Jahrhundert
Wolle, Polyester, Polycarbonat
Meyer-Hentschel Institut, Saarbrücken
Foto: picture-alliance / dpa / Roland Weihrauch

Lebensverläufe

Altern ist ein lebenslanger Prozess. Er beginnt mit der Geburt und endet mit dem Tod. Den Lebensverlauf gliedern alle Kulturen auf ganz eigene Weise in Abschnitte. Hierzulande zählt man das Alter in Jahren. Dies scheint uns ganz selbstverständlich. Unser Leben folgt einer berechenbaren Bahn: Mit 3 Jahren gehen wir in den Kindergarten, mit 6 kommen wir in die Schule, mit 18 sind wir volljährig, mit 65 ging man bislang in Rente.

Aber reicht es, wenn wir unser Alter lediglich nach Jahren bemessen? Eine ganze Reihe von Ereignissen im Leben ist nicht an das kalendarische Alter gebunden. Dies gilt etwa für Hochzeit, Kinderkriegen und Großelternschaft. Trotzdem meinen wir zu wissen, wann im Lebensverlauf etwas »normal« ist und wann nicht: Eine 36-jährige Großmutter erscheint uns so ungewöhnlich wie ein Berufstätiger mit 80 Jahren.
Es zählen also nicht allein die Lebensjahre. Das sogenannte soziale Alter richtet sich nach Familienstand, Nachkommenschaft und Lebenslage. All dies spielt weltweit eine Rolle – sowohl für unser Selbstbild als auch für das Bild, das andere von uns haben.

In manchen anderen Gesellschaften ist es nicht so wichtig wie hierzulande, das Alter nach Jahren zu berechnen. Daher meinen wir oft, dass diese Menschen »ihr Alter nicht wissen«. Allerdings kennen diese Menschen nur ihr kalendarisches Alter nicht. Doch auch dort kann jeder sein Alter benennen: Die Menschen wissen genau, ob sie zu den den »Junggesellen« oder zu den »Alten« zählen.

So gehören beispielsweise bei den Kayapó im Amazonasgebiet die Menschen verschiedenen Altersstufen an. Jeder durchläuft sie zwischen Geburt und Tod. Alter messen Kayapó traditionellerweise nicht in Jahren. Wer zu den »Kleinen« oder den »Alten« zählt, ist am Schmuck und an der Körperbemalung erkennbar. Jede Altersgruppe hat besondere Rechte und Pflichten. Die Übergänge von einer Altersstufe in die nächste erfolgen dabei jedoch nicht automatisch nach einer festgelegten Anzahl von Jahren. Vielmehr richtet sich der Zeitpunkt des Übergangs nach der körperlichen Entwicklung. Auch soziale Ereignisse im Leben – etwa die Großvaterschaft – spielen hierbei eine bedeutende Rolle.

Baby-T-Shirt
So kurios es klingen mag: Mit dem Tag unserer Geburt kann auch berechnet werden, wann wir voraussichtlich in Rente gehen werden.

Deutschland
2008
Baumwolle, bedruckt
Foto: Eva Winkler / SES

Ohrpflöcke

Solche Ohrstecker sind Zeichen der »Kleinen«. Zu dieser Altersstufe gehören Kinder bis sie abgestillt sind und laufen können. Wenige Tage nach der Geburt durchbohrt man Kindern die Ohrläppchen. Später führen die Eltern immer größere Holzstecker ein. So weiten sich die Ohrlöcher immer mehr. Mithilfe der großen Ohrlöcher sollen Kinder »hören lernen«, das heißt die Regeln der Kayapó erlernen. Die Haare eines »Kleinen« werden nicht geschnitten.

Kayapó, Brasilien
zweite Hälfte 20. Jahrhundert
Holz, gefärbt
Museum für Völkerkunde Dresden
Foto: Eva Winkler / SES

Zuckertüte, Schulranzen, Schirmmütze

Die drei auffälligsten Kennzeichen eines Erstklässlers: Die Zuckertüte »versüßt«
den Schulanfang. Die Kopfbedeckung tragen viele Kinder zunächst mit Stolz,
doch weicht das neue Selbstbewusstsein als »großes« Schulkind schon bald
dem Gefühl, als »Kleiner« erkennbar zu sein. So kann die Mütze schnell zu
einem negativen Kennzeichen werden.

Deutschland
2007 / 2008
Pappe, Textil, Kunststoff, Metall
Privatbesitz
Foto: Eva Winkler / SES

Mutter mit Kind

Solange ein Kind gestillt wird, gilt es als Teil der Eltern, nicht als eigenes Wesen.
Es wird von seiner Mutter in einer Tragschlinge getragen und überallhin mitge-
nommen. Sobald ein Kind abgestillt ist, werden die Ohrstecker entfernt. Die
Mutter sammelt sie und bewahrt sie gemeinsam mit nicht mehr passenden
Schmuckbändern in einem Beutel auf. Dieses Erinnerungsstück ähnelt den bei
uns bekannten Babybüchern.

Kayapó, Brasilien
1976
Foto: Gustaaf Verswijver / Museum der
Weltkulturen, Frankfurt am Main

Stimmzettel

für die Wahl zum Deutschen Bundestag im Wahlkreis 153 Leipzig I
am 18. September 2005

Sie haben 2 Stimmen

hier 1 Stimme	hier 1 Stimme
für die Wahl	für die Wahl
eines/einer Wahlkreis-abgeordneten	**einer Landesliste (Partei)** — maßgebende Stimme für die Verteilung der Sitze insgesamt auf die einzelnen Parteien -
Erststimme	**Zweitstimme**

#	Erststimme				Zweitstimme		#
1	**Lehmann,** Jens Radprofi — **CDU** — Christlich Demokratische Union Deutschlands Leipzig, Klempererstr. 43	◯	◯	**CDU**	Christlich Demokratische Union Deutschlands Arnold Vaatz, Dr. Michael Luther, Maria Michalk, Jens Lehmann, Michael Lohse	1
2	**Fornahl,** Rainer Diplomgeophysiker — **SPD** — Sozialdemokratische Partei Deutschlands Leipzig, Schenkendorfstr. 6	◯	◯	**SPD**	Sozialdemokratische Partei Deutschlands Rolf Schwanitz, Dr. Marlies Volkmer, Andreas Weigel, Simone Violka, Wolfgang Gunkel	2
3	**Dr. Höll,** Barbara Diplomphilosophin — **Die Linke.** — Die Linkspartei.PDS Leipzig, Frau-Holle-Weg 28	◯	◯	**Die Linke.**	Die Linkspartei.PDS Katja Kipping, Dr. Axel Troost, Sabine Zimmermann, Jörn Wunderlich, Dr. Barbara Höll	3
4	**Dr. Gutjahr-Löser,** Peter Universitätskanzler a. D. — **FDP** — Freie Demokratische Partei Leipzig, Frommannstr. 5	◯	◯	**FDP**	Freie Demokratische Partei Joachim Günther, Jan Mücke, Heinz-Peter Haustein, Christoph Waitz, Alexandra Spindler	4
5	**Krefft,** Katharina Studentin — **GRÜNE** — BÜNDNIS 90/DIE GRÜNEN Leipzig, Markt 7	◯	◯	**GRÜNE**	BÜNDNIS 90/DIE GRÜNEN Monika Lazar, Peter Hettlich, Eva Jähnigen, Prof. Dr. Joachim Schulze, Katharina Krefft	5
6	**Schön,** Jürgen Landtagsabgeordneter — **NPD** — Nationaldemokratische Partei Deutschlands Leipzig, Toskastr. 3	◯	◯	**NPD**	Nationaldemokratische Partei Deutschlands Holger Apfel, Harald Neubauer, Winfried Petzold, Uwe Leichsenring, Hans-Otto Weidenbach	6
			◯	**REP**	DIE REPUBLIKANER Mario Heinz, Peter Grüning, Herbert Eckstein, Mathias Seifert, Steffen Heller	7
			◯	**PBC**	Partei Bibeltreuer Christen Michael Eitler, Andreas Bukschat, Uwe Stein, Ole Steffes, Uwe Knietzsch	8
9	**Zepp-LaRouche,** Helga Journalistin — **BüSo** — Bürgerrechtsbewegung Solidarität Wiesbaden, Hollerbornstr. 34	◯	◯	**BüSo**	Bürgerrechtsbewegung Solidarität Helga Zepp-LaRouche, Kai-Uwe Ducke, Thomas Rottmair, Ronald Galle, Marcus Kührt	9
			◯	**AGFG**	Allianz für Gesundheit, Frieden und soziale Gerechtigkeit Crista Raderecht, Dr. Gunter Bechstein, Jan Raderecht, Angelika Schneider, Günter Kluttig	10

Wahlzettel für die Bundestagswahl (Ausschnitt)
Die Volljährigkeit bringt formal die lang ersehnte Unabhängigkeit von den Eltern.
Doch mit dem 18. Geburtstag sind nicht nur Anrechte verbunden, wie etwa das
Wahlrecht, sondern auch Verbindlichkeiten, wie beispielsweise die Wehrpflicht.

Deutschland
2005
Papier
Stadt Leipzig, Amt für Statistik und Wahlen
Reproduktion

Armbänder

»Personen mit schwarzen Schenkeln« sind Mädchen im heiratsfähigen Alter.
Sie haben das Recht, ihre eigene Familie innerhalb des Haushalts ihrer Eltern zu
gründen. Der Übergang in diese Altersstufe wird markiert, indem eine »Ersatzmutter« das Mädchen mit bestimmten Mustern bemalt. Diese Zeremonie wird für
mehrere Mädchen zugleich durchgeführt. Dabei tragen sie auch solche Armreifen.

Kayapó, Brasilien
zweite Hälfte 20. Jahrhundert
Baumwolle, Anhänger aus Baumwollschnur und Samen
Museum für Völkerkunde Dresden
Foto: Eva Winkler / SES

Kerzen für die Geburtstagstorte
Wer möchte noch all die Kerzen zählen?!
Doch ob ernst, seriös oder humorvoll:
Um das Älterwerden kommt niemand herum.

Deutschland
2008
Kunststoff, Pappe, Stearin, Baumwolle
Foto: Eva Winkler / SES

Brustschmuck

Die Geburt des ersten Enkels markiert einen neuen Abschnitt im Leben eines
Kayapó-Mannes. Er rückt nun in die Altersstufe der »Alten Menschen« auf.
Als solcher trägt er keine Schmuckstücke mehr. Männer, die initiiert wurden,
dürfen diesen Brustschmuck ihr ganzes Leben lang anlegen. Wird ein Mann
Großvater, legt er auch diesen Schmuck ab.

Kayapó, Brasilien
zweite Hälfte 20. Jahrhundert
Baumwollschnur, Federn
Museum für Völkerkunde Dresden
Foto: Eva Winkler / SES

»Kleine« oder »Person mit schwarzen Schenkeln«? – Altersstufen bei den Kayapō in Brasilien

Carolin Kollewe

Wie alt bist Du? – Auf eine so einfache Frage kann es ganz unterschiedliche Antworten geben. Viele Ethnologen und Ethnologinnen haben schon einmal erlebt, dass sie, wenn sie nach dem Alter einer Person fragten, keine Zahl hörten, sondern ganz andere Angaben. Es wäre jedoch falsch anzunehmen, dass die Menschen in Gesellschaften, die das Alter nicht anhand von Lebensjahren bemessen, nicht rechnen könnten. Denn allen Kulturen ist es vertraut, Tage, Monate und Jahre zu zählen. Doch sind diese Angaben nicht unbedingt relevant für den Lebensverlauf. So haben beispielsweise die Borana-Oromo, die in Südäthiopien und Nordkenia leben, ein ausgeklügeltes Kalendersystem. Das Alter eines Menschen bemessen sie jedoch nicht nach Jahren, sondern anhand von Altersklassen (Elwert und Kohli 1990: 5).

Bei den rund 5000 Kayapō im zentralbrasilianischen Amazonasgebiet werden alle Menschen in ein System von Altersstufen eingeordnet. Diese Altersstufen strukturieren das gesamte Leben eines Menschen. Man bleibt nicht eine feste Anzahl von Kalenderjahren in einer Altersstufe. Vielmehr hängt es von der Entwicklung des Körpers und von sozialen Ereignissen ab, in welche Alters-gruppe jemand eingeordnet wird. So zum Beispiel davon, ob ein Kind schon abgestillt ist, ob die Pubertät eingesetzt hat oder ob das erste Enkelkind geboren wurde. Je nachdem gehört ein Mann dann zu den »Kleinen«, zu denen, »die auf neue Weise schlafen« oder zu den »alten Menschen«. Die Altersstufen von Männern und Frauen unterscheiden sich dabei zum Teil (Verswijver 1995: 53).

Für Kayapō spielt, wie in den meisten Kulturen des südamerikanischen Tieflands, Körperschmuck eine wichtige Rolle. Zu Festen legen sie prachtvolle Federkronen und -schmuckstücke an, wenn ihnen ihre Familie die entsprechenden Rechte dafür übertragen hat. Im Alltag dagegen tragen Kayapō schlichtere Schmuck-stücke. Gleichwohl sind zum Beispiel Ohrschmuck und Armbänder auch dann wichtig. Denn sie zeigen an, zu welcher Gruppe und Altersstufe ein Mensch gehört und welche Position jemand innerhalb der Gemeinschaft hat. Alter und Geschlecht sind die beiden wichtigsten Unterscheidungsarten in der Gesellschaft der Kayapō. Identität drücken sie in erster Linie über Körperschmuck und Körperbemalung aus. Kayapō zu sein, bedeutet auch, in angemessener Weise geschmückt zu sein (Verswijver 1992: 49).

Im Gegensatz zu Erwachsenen haben »Große Kinder« kurze Haare.
1980, Foto: Gustaaf Verswijver / Museum der Weltkulturen, Frankfurt am Main

Schmuckstücke, die für eine Altersstufe stehen, sind meist bescheidener als die
großen Federkronen. Das Kennzeichen der »Kleinen« sind beispielsweise
hölzerne Ohrstecker. Ist ein Kind abgestillt und kann laufen, entfernt man die
Ohrstecker und schneidet ihm die Haare. Es gehört von jetzt an zu den »Großen
Kindern« (Verswijver 1995: 54, 187; Fisher 2003: 563).

Der Übergang von einer in die nächste Altersstufe wird bei den Kayapó oftmals
durch ein Ritual markiert. Dazu gehört häufig auch die Bemalung des Körpers
mit bestimmten Farben und / oder Mustern. Ein wichtiges Ritual für Mädchen ist
beispielsweise der Eintritt in die Altersstufe »Personen mit schwarzen Schenkeln« in der Pubertät. Mehrere Mädchen in diesem Alter werden von einer Frau,
die nicht mit dem Mädchen verwandt ist – der sogenannten »Ersatzmutter« –
bemalt. Die schwarze Farbe steht dabei für den Übergang von der einen Gruppe
in die nächste. Das Mädchen, das zu den »Personen mit schwarzen Schenkeln«
gehört, gilt nun als heiratsfähig und darf ihren eigenen Haushalt im Haus ihrer
Mutter gründen. Denn jede Altersstufe hat besondere Rechte, aber auch
Pflichten. (Verswijver 1995: 223f.; Turner 1992: 33).

Kayapō-Dorf
mit Männerhaus im Zentrum und kreisförmig angeordneten Häusern der Familien
1989, Foto: Gustaaf Verswijver / Museum der Weltkulturen, Frankfurt am Main

Bei den Kayapō gelten Vater und Mutter mit der Geburt ihres ersten Kindes als
verheiratet. Der junge Mann, der seit der Pubertät als Junggeselle im Männerhaus im Zentrum des Dorfes gewohnt hat, zieht nun in das Haus seiner Frau.
Früher schliefen Junggesellen im Männerhaus und trugen eine Penisstulpe als
Zeichen für ihre Zugehörigkeit zu denen, »die auf neue Weise schlafen«. Die
Penisstulpe – eine Art Hütchen aus Palmfasern, das auf dem Penis getragen
wurde – markierte ihren Stand als sexuell aktive Männer. So war es jungen
Männern auch erlaubt, vom Männerhaus nachts zu ihren Freundinnen zu schlei-
chen. Im Morgengrauen kehrten sie zurück. Heute tragen Kayapō-Männer statt
Penisstulpen Shorts. Die Junggesellen schlafen auch nicht mehr unbedingt im
Männerhaus (Verswijver 1995: 59, 269f.).
Der Schritt von der jungen Frau zur verheirateten Mutter markieren die Kayapō
durch einen neuen Haarschnitt. Des Weiteren knüpft der Mann seiner Frau bei
der Geburt des ersten Kindes ein Band, mit dem das Kind getragen wird. Auch
später muss er solche Bänder für seine Frau herstellen. Der junge Vater darf von
jetzt an aktiv an der Dorfpolitik mitwirken (Verswijver 1995: 59, 240).

Ungeschmückter Großvater mit geschmücktem Enkel
1974, Foto: Gustaaf Verswijver / Museum der Weltkulturen, Frankfurt am Main

Wie in vielen Gesellschaften weltweit gibt es auch bei den Kayapó kein Ritual für den Übertritt vom Erwachsenenalter zum alten Menschen. Männer gelten dann als alt, wenn ihr erstes Enkelkind geboren wird. Zu diesem Zeitpunkt legen sie ihren gesamten Schmuck ab. Sie ziehen sich nun zunehmend aus der Dorfpolitik zurück. Weiterhin übernehmen sie aber die Rolle des Schlichters bei Auseinandersetzungen. Außerdem gelten sie als Hüter der Traditionen und Wertvorstellungen der Gemeinschaft. Als solche entscheiden sie zum Teil auch darüber, wann und wie bestimmte Zeremonien durchgeführt werden (Verswijver 1995: 195, 60; Werner 1981: 21f.).

Auch heute hat das Altersstufensystem noch eine Bedeutung für viele Kayapó. Die Zugehörigkeit zu einer Altersstufe ist wichtiger als das kalendarische Alter, auch wenn durch die Bürokratie des brasilianischen Staates das kalendarische Alter bei den Kayapó bekannt ist (Fisher 2008). Denn seit den 1960er Jahren leben die Kayapó in ständigem Kontakt mit der brasilianischen Gesellschaft. Dadurch hat sich vieles verändert. So zum Beispiel auch der Umgang mit Körperdekoration und Federschmuck. Seit Mitte des 20. Jahrhunderts tragen viele Kayapó T-Shirts und Jeans, vor allem dann, wenn sie in die Stadt gehen. Die Diskriminierung indigener Völker hat einen großen Anteil an dieser Entwicklung. Doch interessanterweise benutzen viele Kayapó mittlerweile auch wieder ihren Körperschmuck. Dazu beigetragen hat ihr Widerstand gemeinsam mit anderen indigenen Völkern gegen ein Staudammprojekt Ende der 1980er Jahre. Dabei schlossen sich Kayapó mit Umweltschützern und Umweltschützerinnen sowie mit dem Sänger Sting zusammen und verhinderten gemeinsam die Zerstörung von indigenen Siedlungsgebieten. Der Körperschmuck hat dabei eine neue Bedeutung gewonnen und ist zu einer politischen Botschaft geworden (Conklin 1997: 716f., 727). So ist auch auf aktuellen Fotos aus Kayapó-Dörfern erkennbar, dass viele Kayapó heute traditionelle Schmuckstücke tragen, auch wenn diese mittlerweile aus anderen Materialien gefertigt werden und zum Teil andere Muster haben (z. B. www.ipcst.org / Pukararankre / ; Zugriff 31.12.2008).

Das Altersstufensystem hat sich für viele Kayapó offensichtlich bewährt. Trotzdem ist es auch für sie manchmal günstig, auf die Frage nach dem Alter eine Zahl zu nennen: zum Beispiel dann, wenn sie die Rente beantragen wollen, die der brasilianische Staat ab dem 60. Lebensjahr zahlt (Fisher 2008).

Dr. Carolin Kollewe, 1973 geboren, ist Ethnologin und wohnt in Dresden. Ihre Schwerpunkte sind Alter(n), Identität, Objektforschung, soziale Bewegungen und Mexiko.

Literatur:

Conklin, Beth A.: Body Paint, feathers, and vcrs. Aesthetics and authenticity in Amazonian activism. In: American Ethnologist (1997, 24 / 4), S. 711–737

Elwert, Georg und Kohli, Martin: Vorwort. In: Elwert, Georg / Kohli, Martin / Müller, Harald K. (Hg.): Im Lauf der Zeit. Ethnographische Studien zur gesellschaftlichen Konstruktion von Lebensaltern. Saarbrücken 1990, S. 3–9

Fisher, William H.: Kayapo. In: Ember, Carol R. und Ember, Melvin (Hg.): Encyclopedia of Sex and Gender. Men and Women in the World's Cultures. Volume I. Topics and Cultures, A-K. New York 2003, S. 561–571

Fisher, William H.: persönliche Kommunikation, 2008

Turner, Terence: Symbolic language of bodily adornment. In: Verswijver, Gustaaf (Hg.): Kaiapô. Amazonia. The Art of Body Decoration. Gent 1992, S. 27–36

Verswijver, Gustaaf: The feathers make the man. In: Verswijver, Gustaaf (Hg.): Kaiapô. Amazonia. The Art of Body Decoration. Gent 1992, S. 49–64

Verswijver, Gustaaf: Kaiapo. Materielle Kultur – spirituelle Welt. Frankfurt am Main 1995

Werner, Dennis: Gerontocracy among the Mekranoti of Central Brazil. In: Anthropological Quarterly (1981, 54 / 1), S. 15–27

Verhaltensregeln

Überall auf der Welt gibt es Verhaltensregeln, nach denen die Generationen zusammenleben. Vorstellungen vom »richtigen« Umgang zwischen Alt und Jung unterscheiden sich jedoch von Gesellschaft zu Gesellschaft. Häufig haben solche Ideale ihre Wurzeln in religiösen und philosophischen Lehren. Diese sind oft mehrere Jahrtausende alt. So steht beispielsweise schon in den biblischen Zehn Geboten, wie man sich gegenüber den alt gewordenen Eltern verhalten soll. Später setzten Märchen dieses Ideal in eingängige Geschichten um: Sie zeigen Konflikte zwischen Alt und Jung und dienen als moralische Vorbilder. Ende des 18. Jahrhunderts machte Freiherr von Knigge sich Gedanken, wie viel Höflichkeit und Respekt in einer bürgerlichen Gesellschaft nötig sind. Sein Werk ist noch heute in aller Munde. Interessanterweise äußerte sich Knigge aber nicht zum Umgang mit Messer und Gabel oder dazu, wie man sich formvollendet zu benehmen habe. Knigge war ein Aufklärer; ihm ging es vor allem um Verantwortung und Toleranz im gemeinschaftlichen Umgang sowie um ein menschliches Miteinander – auch von Menschen unterschiedlichen Alters.

In China gilt Altenehrfurcht als hoher Wert. Einen alten Menschen zu Hause zu haben, wird als großes Glück betrachtet. Denn traditionellerweise gilt Alter nicht als Last, sondern steht für Weisheit und Lebenserfahrung. Chinesische Kinder sollen ihren Eltern ein Leben lang dienen. So steht es im »Buch der Kindespietät«, einem konfuzianischen Klassiker. Gehorsame Kinder tragen durch ihr Verhalten dazu bei, dass die Eltern lange leben. Langes Leben wiederum ist Teil des »Fünferglücks«: Reichtum, Wohlergehen, Selbstdisziplin und Gesundheit gehören auch zu diesem höchsten Glück.

Noch heute beanspruchen einige dieser alten Ideale ihre Gültigkeit. Doch wie gehen wir im Alltag mit solchen Verhaltensregeln um?

Das Vierte Gebot
Die biblischen Gebote galten lange Zeit als Verhaltensideal. Gemeint war mit
dem Vierten Gebot ursprünglich in erster Linie die Haltung der erwachsenen
Kinder gegenüber ihren alten Eltern.

Paola Piglia
2008
Reproduktion

100. Geburtstag mit Torte

Nach altchinesischen Vorstellungen dauerte ein vollständiger Zyklus des
Universums 60 Jahre. Wer dieses Lebensalter überschritten hatte, besaß den
Status eines Ahnen. Damals wie heute werden runde hohe Geburtstage sehr
feierlich begangen. Der Jubilar wird ehrfürchtig als »Langlebigkeitsgott«
bezeichnet. Aufgrund der gestiegenen Lebenserwartung feiern immer mehr
Menschen in China ihren 80. oder gar 100. Geburtstag.

China
2008
Foto: Imaginechina

Das Vierte Gebot heute?
»Du sollst deinen Vater und deine Mutter ehren, auf dass es dir wohl ergehe
und du lange lebst auf Erden.«

Werner Tiki Küstenmacher
2008
Reproduktion

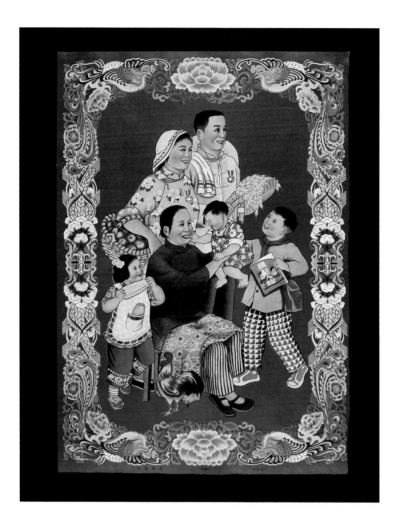

Neujahrsbild »Glückliche Familie«
In einer harmonischen Familie finden Männer Frauen zum Heiraten, viele
Kinder werden geboren und alte Menschen bleiben bis ins hohe Alter fit und
gesund. Mit Alten unter einem Dach zu leben ist ein großes Glück, das auf alle
Mitglieder des Haushalts zurückfällt. An diesem Ideal wurde auch nach der
kommunistischen Machtergreifung zunächst festgehalten.

Zhou Huiying
China, Provinz Guizhou
Mitte der 1950er Jahre
Farbgrafik
Museum für Völkerkunde Dresden
Foto: Eva Winkler / SES

Über den Umgang mit Menschen

Auch für den Umgang von Alt und Jung lautete des Freiherrn guter Rat: gegenseitiger Respekt! Sein Buch ist kein Benimmbuch im heutigen Sinn, sondern
ein scharfsinniges Werk über das menschliche Miteinander. Das Buch erschien
erstmalig 1788. Knigge selbst war damals erst 36 Jahre alt.

Über den Umgang mit Menschen
Adolph von Knigge
2004
Foto: Eva Winkler / SES

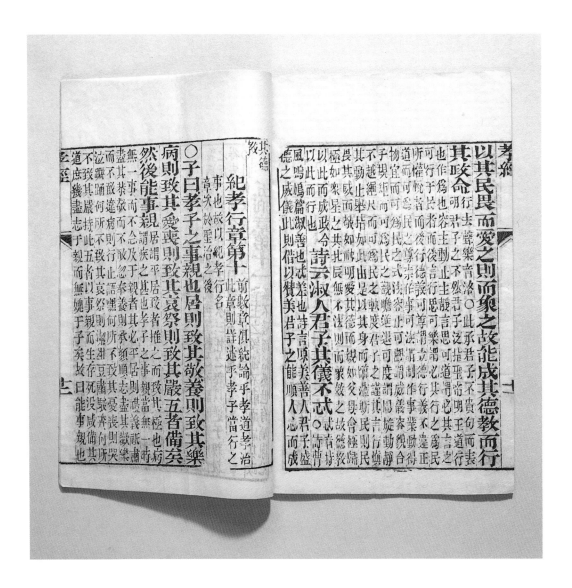

Buch der Kindespietät

Zitat aus dem über 2000 Jahre alten »Buch der Kindespietät«. Auf der linken
Seite steht fettgedruckt: »Ein pietätvoller Sohn dient seinen Eltern, indem er
ihnen im Alltag mit ganzem Respekt begegnet, sie mit großer Freude pflegt,
ihnen im Krankheitsfall seine ganze Sorge widmet, sie mit tiefem Schmerz
betrauert und ihnen mit größtem Ernst opfert. Nur wer in diesen fünf Dingen
vollkommen ist, der versteht es, den Eltern wahrhaft zu dienen.«

China
Qing-Dynastie, 19. Jahrhundert
Museum für Völkerkunde Dresden
Foto: Eva Winkler / SES

Benimmbuch für die Kleinen

Umgangsformen werden erlernt, sie sind nicht naturgegeben. Oft sind es kleine
Gesten oder Worte, die den großen Unterschied machen – ob zu Hause oder in
der Straßenbahn.

Benehmen. Bitte, danke, gern geschehen
Kerstin Schopf
2006
Foto: Eva Winkler / SES

Wandverkleidung (Detail)

*Als seine böse Stiefmutter mitten im Winter frischen Fisch essen wollte,
schmolz Wang Xiang mit bloßem Oberkörper ein Loch in das Eis.*
Dieses Wandpaneel illustriert eines der »24 Beispiele der Kindespietät«.
Diese wurden in der Yuan-Dynastie (1260–1368) von Guo Jujing verfasst und
basieren teilweise auf historischen Begebenheiten. Sie stehen für ein perver-
tiertes Verständnis von Kindespietät. Die Holzschnitzerei diente früher als
Wandverkleidung in einem japanischen Tempel.

Japan
Edo-Zeit, 18. Jahrhundert
Holz, bemalt
Museum für Völkerkunde Hamburg
Foto: Eva Winkler / SES

»Kindespietät« und »langes Leben« in China

Leberecht Funk

Seit rund 2500 Jahren existiert in China eine Kultur der Altenehrfurcht, die im Wesentlichen aus zwei Bestandteilen besteht, die sich gegenseitig verstärken: der »Kindespietät« (孝 xiao) und dem »langen Leben« (壽 shou). Alter wurde früher in China grundsätzlich als etwas Positives angesehen, es galt nicht als Last, wie zu manchen Zeiten hierzulande. Nach traditioneller Auffassung wurde aus dem Menschen erst mit zunehmenden Jahren ein Kulturwesen, ein Träger von Wissen und Weisheit. Alte Menschen kamen in den Genuss einer ehrenvollen Behandlung. Im Altertum verlieh man ihnen zum Beispiel zwei bis drei Meter lange Stäbe, an deren Ende ein bronzener Taubenkopf angebracht war: Ebenso wie sich eine Taube beim Picken der Körner nie verschluckt, so sollte es auch den ehrwürdigen alten Menschen ergehen.

Auch heute noch werden runde Geburtstage hoch betagter Menschen feierlich begangen. Angehörige und Freunde erweisen dem Jubilar ihre Ehrerbietung, indem sie ihm kostbare Geschenke überreichen und sich vor ihm verneigen (Wang Junyun 2007: 364ff).

Die Kindespietät

Unter Kindespietät ist Folgsamkeit und Fürsorge der Kinder gegenüber ihren Eltern zu verstehen. Im Alter wurden die Eltern – so will es zumindest das Ideal – von den Söhnen liebevoll gepflegt, mit kulinarischen Leckerbissen versorgt und im Krankheitsfall scheute man keine Mühen, um die notwendigen Arzneien zu beschaffen. In den meisten Quellen, in denen die Kindespietät behandelt wird, ist ausschließlich von Söhnen die Rede. Töchter verließen bei der Heirat das Haus ihrer Eltern und wurden in die Abstammungslinie des Ehemannes aufgenommen. Deshalb galt die Pietät der Frauen in erster Linie ihren Schwiegereltern.

Wenn ein Elternteil verstarb, musste der älteste Sohn und Erbe monatelang Trauerkleidung anlegen und den Freuden des Lebens entsagen. Die Kindespietät erstreckte sich zudem auf alle vorangegangenen Generationen, ja selbst auf die Gruppe der Ahnen, denen regelmäßig geopfert werden musste.

In der Han-Zeit (206 v. u. Z. – 220) wurde die Kindespietät zur Kardinaltugend erhoben, aus der sämtliches moralisches Verhalten abgeleitet werden konnte. Sie beruhte auf dem natürlichen Eltern-Kind-Verhältnis, das von »Gott« gegeben kaum hinterfragt werden konnte. Die Folgsamkeit gegenüber den Eltern wurde auf die politische Sphäre ausgeweitet. So ließ der Han-Kaiser Wu Di bei der Besetzung von Ämtern nach pietätvollen Söhnen Ausschau halten.

Schriftzeichen für »Kindespietät«
ca. 3100 Jahre alt
Zeichnung: Sylvia Pereira / SES

In der Yuan-Dynastie (1271 – 1368) nahm das Ideal der Kindespietät eine
pervertierte Form an. In dem von Guo Jujing verfassten »24 Beispielen der
Kindespietät« sind die Möglichkeiten der Einflussnahme des Sohnes auf die
Eltern gleich Null. Ausgleichende Gerechtigkeit konnte nur durch das Eingreifen
des Himmels, der chinesischen Entsprechung von Gott, geschehen. Der moralische Aspekt der Kindespietät, bei Konfuzius, Mengzi und Xunzi noch als hoff-
nungsvoller Keim angelegt, konnte in dieser extremen Auslegung nicht fort-
bestehen (Roetz 1992: 83ff). Besonders grausam ist das Beispiel des Guo Ju,
der in bitterer Armut lebend vor die Wahl gestellt wird, entweder seine alte
Mutter oder den drei Jahre alten Sohn mit Nahrung zu versorgen. Aus Gründen
der Pietät beschließt Guo Ju, lieber den Sohn lebendig zu begraben, als die
eigene Mutter zu vernachlässigen – mit der Begründung, dass er später ja
immer noch einen Sohn haben könne. Durch das Erbarmen des Himmels stößt
er beim Ausgraben der Grube auf einen Goldschatz und die Geschichte nimmt
doch noch ein gutes Ende.

Gott des langen Lebens
21. Jahrhundert
Porzellan
Foto: Eva Winkler / SES

Der Wunsch nach einem langen Leben

Der chinesische Begriff *shou* hat im heutigen Chinesisch vier Bedeutungen:
Er bezeichnet die Langlebigkeit, das Alter, den Geburtstag eines älteren
Menschen und – der letzte Punkt mag hierzulande ein wenig bizarr anmuten –
Gegenstände, die zu Lebzeiten für die eigene Bestattung hergestellt wurden.
In über 300 Varianten erscheint das *shou*-Zeichen aufgedruckt oder eingeritzt
auf Gegenständen des täglichen Bedarfs, wie zum Beispiel Gefäßen, Textilien
oder Möbeln, wodurch auf magische Weise das lange Leben herbeigeführt
werden soll (Weggel 1997: 115). Früher ausschließlich auf Geburtstagsfeiern
älterer Menschen verwendet, hat das »100-mal-langes-Leben«-Design heute
Eingang in die Alltagskultur gefunden. Es besteht aus 100 kalligrafischen Varianten des Schriftsymbols für langes Leben und drückt den Wunsch aus, dass der
Beschenkte 100 Jahre alt werden möge (Wang Junyun 2007: 372f).
Ein langes Leben und Gesundheit können auch durch die Verehrung des Gottes
des langen Lebens erlangt werden. Zumeist wird er als alter Mann mit langem
Bart und einer hohen kahlen Stirn, dem Sitz seiner Lebensenergie, dargestellt.
In der Hand hält er den Pfirsich der Unsterblichkeit und an seinem langen knor-
rigen Stab hängen eine Kalebasse mit einem Unsterblichkeitselixier und eine
Schriftrolle, auf der die Lebensspanne aller Menschen verzeichnet ist. Damals
wie heute wird der Gott des langen Lebens im privaten Bereich aufgestellt und
zusammen mit den Göttern des Glücks und der Beamteneinkünfte verehrt.

Wenn man die frühesten chinesischen Schriftzeichen für »Kindespietät« und
»langes Leben« in ihre grafischen Bestandteile zerlegt, erschließt sich eine
Symbolik, die auch für uns heutige Menschen noch lesbar ist. Das Schriftsymbol
für »Kindespietät« zeigt einen jungen Mann, der einen älteren Menschen mit
lichtem Haar auf dem Rücken trägt. Das Schriftzeichen für »langes Leben«
besteht oben aus demselben Graphem für »alter Mensch«, im unteren Teil sind
Hände dargestellt, die nach einer Weinschale greifen. Die Bedeutung dieser
bronzezeitlichen Schriftzeichen kann im Falle der Kindespietät mit »eine prakti-
sche Hilfestellung leisten« und im Falle des langen Lebens mit »Verehrung und
Respekt vor dem Alter« wiedergegeben werden (Yong Liang 2004: 81). Nimmt
man beide Aussagen zusammen, ergibt sich die Handlungsdevise: den Eltern
dienen, damit diese lange leben.

Anfang der 1980er Jahre kam es in der Volksrepublik China zu einer Rück-besinnung auf alte Werte, die an die Tradition der Ehrerbietung vor dem Alter anknüpfte. Der Konfuzianismus soll heute beim Aufbau einer »geistigen Zivilisa-tion des Sozialismus« eine positive Rolle spielen (Darimont 2005: 8). Erwach-sene, die nicht für den Unterhalt ihrer alten Eltern – die Ansprüche bestehen ab dem 60. Lebensjahr – aufkommen, müssen theoretisch mit mehrjährigen Haft-strafen rechnen. 2006 gewann Tian Shiguo den Pietätspreis »China Person of the Year«: Er spendete seiner alten Mutter eine seiner Nieren ohne ihr zu sagen, dass sie von ihm stammt. An manchen Universitäten müssen Studierende »Pietätskurse« absolvieren. Es kann durchaus vorkommen, dass sie vom Lehr-personal angehalten werden, ihren Eltern während des Neujahrsfestes die Füße zu waschen.

Eine neue Form der Kindespietät ist die große Lernbereitschaft chinesischer Schüler und Schülerinnen. Sie lernen oft weniger für ihre eigene Karriere als für die Eltern, die ihren Nachwuchs an einer guten Universität sehen wollen. Diese Situation wird durch den Umstand, dass die meisten Familien nur ein Kind haben, weiter verschärft.

Auch das Problem der 200 Millionen Wanderarbeiter und Wanderarbeiterinnen dürfte kaum zum Wohle der Alten beitragen: Alleingelassen in ihren Dörfern müssen sie selber zusehen, wie sie über die Runden kommen. Altenehrfurcht ist eben auch in China nur ein Ideal.

Leberecht Funk ist Ethnologe und Sinologe. Von 2007 bis 2009 absolvierte er ein wissenschaftliches Volontariat am Museum für Völkerkunde Dresden. Er ist 1972 geboren und lebt in Berlin.

Literatur:

Darimont, Barbara: Altersicherung in China vor dem Hintergrund konfuzianischer und marxistischer Lebensvorstellungen. In: China Analysis (2005, 48), S.1–18

Holzmann, Donald: The Place of Filial Piety in Ancient China. In: Journal of the American Oriental Society (1998, 2), S.185–199

Roetz, Heiner: Die chinesische Ethik der Achsenzeit. Eine Rekonstruktion unter dem Aspekt des Durchbruchs zu postkonventionellem Denken. Frankfurt a.M. 1992

Wang Junyun: Zhongguo minju yu minsu [Traditionelle chinesische Wohnweise sowie Sitten und Gebräuche]. Beijing 2007

Weggel, Oskar: Alltag in China. Hamburg 1997

Yong Liang: Das traditionelle chinesische Konzept des Alters und Alterns. In: Hermann-Otto, Elisabeth (Hg.): Die Kultur des Alterns von der Antike bis zur Gegenwart. St. Ingbert 2004, S.79–95

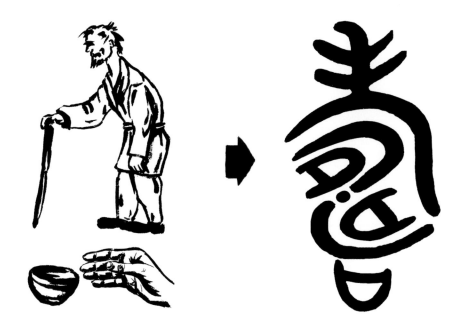

Schriftzeichen für »langes Leben«
ca. 2800 – 3100 Jahre alt
Zeichnung: Sylvia Pereira / SES

Spielräume

Wie gestalten ältere Menschen ihr Leben? Welche Möglichkeiten bieten sich ihnen? Welche Grenzen tun sich für sie auf? Das gesellschaftliche Umfeld und die materielle Absicherung bestimmen in erster Linie, wie diese Fragen beantwortet werden können. Bei uns erscheinen gegenwärtig die Möglichkeiten für gesunde Ältere auf den ersten Blick vielfältig: Sie engagieren sich ehrenamtlich, treiben Sport, gehen auf Reisen, bilden sich oder stellen ihre Tatkraft in den Dienst an der Familie. In Ländern ohne eine staatliche Alterssicherung hingegen stellt sich die Bandbreite der Möglichkeiten älterer Menschen völlig anders dar. Einige Frauen aus Leipzig und aus Durban, Südafrika gewähren uns in Interviewausschnitten Einblicke in ihr Leben, reden über ihre Wünsche und Bedürfnisse. Sie alle sorgen als Großmütter für Kinder. Der gesellschaftliche Hintergrund hierfür ist jedoch ein gänzlich anderer.

Die Leipziger »Wunschomas« unterstützen ehrenamtlich Alleinerziehende und Familien bei der Kinderbetreuung. In erster Linie übernehmen Frauen diese verantwortungsvolle Aufgabe, Wunschopas finden sich nur selten.
Für ihre Arbeit erhalten die Frauen lediglich eine Aufwandsentschädigung. Aber auch wenn es nicht viel Geld einbringt, sorgen die Wunschomas gern für ihre Enkel. Denn das Verhältnis zu ihnen kann nicht mit Geld aufgewogen werden. Die Zuneigung und das Lachen der Kinder geben den Wunschomas Kraft. Auch wenn die Frauen aus den unterschiedlichsten Beweggründen Wunschgroßmütter wurden, so ist die Liebe zu Kindern allen gemeinsam.

In Südafrika sind viele ältere Frauen gezwungen, noch einmal voll durchzustarten. Und das in einem Alter, in dem sich andere zur Ruhe setzen. Die Situation macht es erforderlich: Südafrika gehört zu den Ländern mit den meisten HIV-Infizierten weltweit. Oft pflegen die alten Eltern die Kranken. Großeltern, vor allem Großmütter, ziehen auch die Enkelkinder auf, sobald diese zu Waisen werden. Die neue Rolle ist oft schwierig für sie. Denn dem traditionellen Verständnis nach sollten ihre Kinder für sie sorgen und nicht umgekehrt.

Wunschoma Renate und David (6 Jahre)

Auch als Rentnerin steht Wunschoma Renate noch mitten im Leben.
Die 73-Jährige meint: »Nicht dass ich dann sage, jetzt ist Schluss – abgestellt –
Rentner – vorbei!«
Wunschoma Renate war zunächst nur neugierig, ob sie noch etwas lernen kann.
Heute sagt sie: »Der Kleine gibt mir viel, weil der so clever ist.« Sie findet, dass
sie mit David heute besser umgehen kann als mit ihrem eigenen Sohn früher:
»Ich habe viel mehr Ruhe. Ich nehme alles gelassener.«

Leipzig
2008
Fotos und Interview: Christoph Gödan

Oma Patricia und Sphamandla (8 Jahre)

Auf ihren Enkel Sphamandla ist Oma Patricia sehr stolz: »Er geht jeden Tag zur Schule und ist ein guter Schüler.« Sphamandla ist HIV-positiv. Seine Mutter starb vor sechs Jahren an AIDS.

Patricia ist 76 Jahre alt. Sie lebt mit acht Kindern und neun Enkelkindern zusammen auf einem Gelände mit mehreren Hütten. Mais und Bohnen bauen sie auf dem Feld an. Doch leider können sie davon allein nicht überleben. Deshalb ist Patricia froh über ihre kleine Rente.

Tafelkop, Region Durban, Südafrika
2007
Fotos und Interview: Christoph Gödan
Textvorlage: HelpAge Deutschland

Wunschoma Maria-Juana und Johanna (2 Jahre)

Wunschoma Maria-Juana ist eine vielbeschäftigte Frau, obwohl sie zurzeit arbeits-
los ist. Sie engagiert sich ehrenamtlich für ausländische Bürger und Bürgerinnen.
Da sie selbst keine Enkelkinder hat, entschloss sie sich Wunschoma zu werden.
Heute hilft ihr dies, ihre Alltagsprobleme eine Zeit lang zu vergessen.
Ihr Studium zur Lebensmittelingenieurin brachte Wunschoma Maria-Juana aus
Honduras in die DDR. Zuletzt arbeitete sie als Lehrausbilderverantwortliche mit
Jugendlichen.

Leipzig
2008
Fotos und Interview: Christoph Gödan

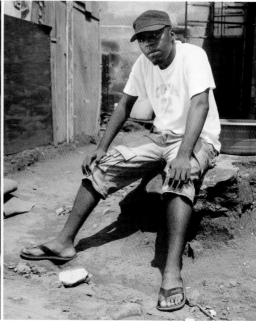

Oma Konzaphie und Mluntusi (21 Jahre)

Konzaphie kümmert sich um drei Enkel. Sie sind zwischen sieben und 21 Jahre
alt. Alle vier leben von Omas kleiner Rente. Vier Söhne hatte sie, doch alle sind
schon tot. Drei wurden erschossen und einer starb an AIDS. Auch die Schwieger-
töchter können nicht für die Kinder sorgen, da sie entweder krank oder schon
tot sind.

Für ihre Enkel wünscht sich die 72-Jährige, dass »sie aus dieser elenden Armut
heraus kommen und ein besseres Leben habe als ich und ihre Eltern.«

Township Lamontville, Durban, Südafrika
2007
Fotos und Interview: Christoph Gödan

Die fehlende Generation – Neue Aufgaben für Großeltern in Südafrika

Birgit Kertscher

»Wir treffen uns regelmäßig und überlegen, wie wir die Kinder vor HIV bewahren können. Das ist sehr wichtig«, sagt Großmutter Remember Phumalu aus dem Township Richmond Farm in Durban, Südafrika. Die 63-Jährige engagiert sich in der Aufklärung von Jugendlichen über AIDS. »Wir Alten müssen unsere Erfahrung an die Jungen weitergeben«, sagt sie. »Wir haben ja unsere eigenen Kinder bis in den Tod gepflegt. Oft waren die Enkelkinder so jung, dass sie das gar nicht mitbekommen haben. Wir müssen ihnen nun beibringen, wie sie sich zu verhalten haben.« Oma Remember kümmert sich um ihre Enkel Amanda und Ndomiso. Deren Mutter starb 2004 mit 26 Jahren an den Folgen von AIDS (HelpAge 2007: 29).

Weltweit sind die afrikanischen Länder südlich der Sahara am stärksten von HIV / AIDS betroffen. Mit 5,5 Millionen Infizierten ist Südafrika das Land mit den meisten HIV-positiven Menschen. Anfangs waren vor allem männliche Wanderarbeiter mit dem Virus infiziert, mittlerweile sind jedoch alle sozialen Schichten betroffen. Die Krankheit breitet sich vor allem unter den 20- bis 35-Jährigen aus, mit verheerenden Folgen für die gesamte Gesellschaft. Da diese Altersgruppe in der Regel der wirtschaftlich produktivste Teil der Bevölkerung ist, wird es angesichts der bestehenden und weiterhin zu erwartenden Krankheitsfälle langfristig an qualifizierten Arbeitskräften, vor allem auch im Bildungs- und Gesundheitssektor, mangeln. Innerhalb der Familien versorgen und betreuen die 20- bis 35-Jährigen normalerweise zugleich die alten Eltern und die eigenen Kinder. Sie sind die Haupternährer und die wichtigsten Bezugspersonen und Erzieher für die Kinder (Tanschus 2008: 48, 50f.; Dilger 2005: 16).

Durch das Wegbrechen der mittleren Generation müssen Rollen innerhalb der Familie neu besetzt werden. Großeltern waren in Südafrika zwar schon immer in die Erziehung und Versorgung der Enkelkinder eingebunden, die Hauptverantwortung lag jedoch bei den Eltern. Diese Verantwortung wird nun oftmals von den Großeltern, vor allem von den Großmüttern, übernommen. Sie kümmern sich um die verwaisten Enkel, häufig leben sogar mehrere Enkel in ihrem Haushalt. Mehr als 60 Prozent der AIDS-Waisen in Südafrika sind auf die Fürsorge ihrer Großeltern angewiesen. Die Kapazität der Waisenhäuser reicht nicht aus, um die weiterhin steigende Zahl dieser Kinder aufzunehmen. Nicht wenige alte Menschen sind mit der Situation überfordert. Sie können den Unterhalt der Enkel nur schwer finanzieren, neben den erhöhten Lebenshaltungskosten müssen sie auch noch die Gebühren für Schuluniform und Schulmaterial und gegebenenfalls für Medikamente tragen. Da nur wenige der Großeltern über ein eigenes

**Frauen, die sich in der Organisation Muthande Society for the Aged
(MUSA) engagieren, zeigen Flagge.**
Foto: Muthande Society for the Aged

Einkommen verfügen, sind sie auf die staatliche Rente angewiesen, die aber
längst nicht alle erhalten. Sie wird nur an Frauen, die das 60. Lebensjahr
beziehungsweise Männer, die das 65. Lebensjahr erreicht haben, gezahlt.
Aufgrund des oftmals niedrigen Bildungsniveaus der älteren Menschen bieten
sich als Hinzuverdienst meist nur Aushilfsjobs an, die mit starkem körperlichem
Einsatz verbunden sind. Erschwerend kommt hinzu, dass die Großeltern oft
noch die eigenen erkrankten Söhne beziehungsweise Töchter bis zum Tod
pflegen müssen. Hier sehen sie sich zudem mit der Stigmatisierung und
Tabuisierung, die immer noch mit HIV / AIDS verbunden ist, konfrontiert
(Tanschus 2008: 51, 62ff., 79; HelpAge 2007: 12f.).

Durch diese zusätzlichen körperlichen und seelischen Belastungen verstärken sich häufig die altersbedingten Krankheiten. Auch der Generationenunterschied zwischen Großeltern und Enkeln bringt oft Schwierigkeiten mit sich. Die bedeutenden sozialen und wirtschaftlichen Veränderungen, die sich in Südafrika in den vergangenen Jahrzehnten abspielten, können von vielen älteren Menschen nur schwer nachvollzogen werden. Sie sind mit anderen Wertvorstellungen und Verhaltensweisen aufgewachsen, was sich häufig in Verständnisproblemen gegenüber ihren Enkeln niederschlägt. Nicht wenige Großeltern sind angesichts dieser vielfältigen Probleme mit der Situation überfordert (Tanschus 2008: 64; HelpAge 2007: 12f.).

Es gibt verschiedene Hilfsansätze, um den älteren Menschen in dieser veränderten Lebenssituation beizustehen. Hier leisten neben dem Staat vor allem Nichtregierungsorganisationen (NGOs) einen wichtigen Beitrag. Eine von ihnen ist die Muthande Society for the Aged (MUSA), die Ende der 1970er Jahre gegründet wurde. Der von der Hilfsorganisation HelpAge Deutschland unterstützte Verein ist in Durban, der Hauptstadt der an der Ostküste Südafrikas gelegenen Provinz KwaZulu-Natal, tätig. Diese Provinz ist besonders stark von HIV / AIDS betroffen: Über 30 Prozent der Bevölkerung sind mit dem Virus infiziert. Viele Erkrankte und ihre Angehörigen leben in den Townships von Durban, die während der Zeit der Apartheid eingerichtet wurden und auch heute noch, trotz einiger Verbesserungen, eine mangelhafte Infrastruktur und eine sehr hohe Bevölkerungsdichte aufweisen. MUSA setzt sich in vier Durbaner Townships für die Aufklärung über HIV / AIDS ein, hilft bei der Pflege von AIDS-Kranken und kümmert sich um deren Angehörige.

Im Fokus der Arbeit stehen vor allem die älteren Menschen. Viele von ihnen können weder lesen noch schreiben. Sie haben somit Schwierigkeiten, die zur Unterstützung der Enkel notwendigen staatlichen Hilfen, wie Rente und Waisenrente oder Sachzuschüsse für Lebensmittel, zu beantragen. Mitarbeiter und Mitarbeiterinnen von MUSA helfen den Betroffenen beim Ausfüllen der Formulare und bieten Kurse an, die Grundkenntnisse im Lesen und Schreiben vermitteln. Ältere Menschen werden auch in der Aufklärung über HIV / AIDS geschult. Sie informieren dann Jugendliche und Erwachsene über die Krankheit und stellen Schutz- und Behandlungsmaßnahmen vor. Zudem veranstaltet MUSA Weiterbildungskurse im Bereich der häuslichen Pflege (HelpAge 2007: 12ff.).

Alice Makhaye
trifft sich mit anderen Älteren, um sich weiterzubilden.
2007, Foto: Christoph Gödan

Lydia
ist 16 Jahre alt und wohnt bei ihrer Großmutter Alice.
2007, Foto: Christoph Gödan

Das Beispiel von Alice Makhaye, die drei Enkelkinder betreut, macht deutlich, wie wichtig solche Aufklärungs- und Hilfskampagnen sind. Die 75-Jährige hat sich bei der Pflege ihrer mittlerweile verstorbenen zwei Töchter mit dem Virus infiziert, da sie zuvor kaum etwas über die Krankheit und deren Vorbeugung erfahren hatte. Sie fühlte sich isoliert und hatte Hemmungen, mit jemandem über das Thema zu sprechen. Durch MUSA haben sie und andere alte Menschen gelernt, offen über die Krankheit zu reden und sich mit ihr auseinanderzusetzen.

So sagt Alice Makhaye über MUSA: »Dort haben wir Alten gelernt, gemeinsam über das Problem zu sprechen. Am Anfang hatte ich noch große Angst. Aber dann haben wir gute Gespräche geführt und sind über die Ursachen und die medizinischen Aspekte aufgeklärt worden. Alles fängt damit an, sich auch selbst zu schützen. Wenn man nicht miteinander redet, wird man mit der Zeit psychisch krank. Es ist die Angst, die einen krank macht. Die Angst, abgelehnt zu werden. Ich bin wirklich froh, dass sich das geändert hat.« (HelpAge 2007: 28).

Birgit Kertscher ist Ethnologin mit Schwerpunkt Afrika und Vorderer Orient. Sie wurde 1979 geboren und arbeitet am Museum für Völkerkunde Dresden.

Literatur:
Dilger, Hansjörg: Leben mit Aids. Krankheit, Tod und soziale Beziehungen in Afrika. Frankfurt am Main [u. a.] 2005
HelpAge Deutschland e. V. (Hg.): Stille Heldinnen. Afrikas Großmütter im Kampf gegen HIV / Aids. Osnabrück 2007
Tanschus, Nele Marie: Die Veränderung familialer Rollen älterer Menschen in Süd-Afrika. Großelternschaft im Kontext von AIDS. Unveröffentlichte Diplomarbeit, Hochschule Vechta 2008

Wissenswerte

Wie vermitteln Ältere ihr Wissen an Jüngere? Und wie bewerten Jüngere das
Wissen Älterer? Gesellschaften, die Wissen mündlich weitergeben, messen den
Kenntnissen Älterer oft einen hohen Wert bei. Doch wird die Schulpflicht eingeführt, verändert sich häufig die Wahrnehmung. Schulwissen erscheint nun
wichtiger als das, was die Älteren weitergeben können. Diese Abwertung führt
häufig dazu, dass die Älteren ihren Einfluss verlieren. Auch in unserer Gesellschaft
zählen Kenntnisse älterer Menschen in vielen Bereichen nur wenig. Dass ihr
Wissen veraltet sei, ist eines der vielen Vorurteile, die ihnen entgegengebracht
werden. Kenntnisse und Erfahrungen der Älteren sind jedoch keineswegs unzeit-
gemäß. Selbst wenn sie keiner Erwerbsarbeit mehr nachgehen, geht ihr Wissen
nicht unbedingt verloren. In generationsübergreifenden Projekten vermitteln sie
ihr Wissen und ihre Erfahrung gewinnbringend an Jüngere.

So nutzt beispielsweise der Senior Experten Service (SES) Wissen und Berufs-
erfahrung älterer Menschen. In der Entwicklungszusammenarbeit stellen diese
ihre Kenntnisse zur Verfügung. Weltweit betreuen sie Projekte in der Landwirt-
schaft, im Natur- und Umweltschutz oder der Industrie. Senior-Experten leisten
dabei Hilfe zur Selbsthilfe. Bisher gibt es nur wenige Senior-Expertinnen:
Nur 10 Prozent der Aktiven des SES sind Frauen. Ihr Anteil steigt jedoch. Auch in
Deutschland ist der SES tätig. Hier sind es vor allem Bildungseinrichtungen, die
den Rat Älterer nutzen. Eines dieser Projekte ist die Schülerfirma »Sprösslinge«
aus Sankt Augustin bei Bonn, die in der Ausstellung vorgestellt wird.

Ein weiteres Beispiel für generationsübergreifende Wissensvermittlung ist die
Töpferei der Shipibo-Conibo in Peru. Die fein gemusterten, dünnwandigen Gefäße
der Frauen sind weltweit geschätzte Sammlerstücke. Früher lernte jedes Shipibo-
Mädchen zu töpfern. Doch erst als ältere Frauen hatten sie genügend Zeit und
Muße, sich ausgiebig der Töpferei zu widmen. Mit ihrer langen Erfahrung stellten
sie oft besonders schöne Gefäße her. Auch vermittelten sie ihre Kenntnisse
weiter. Unter ihren Enkelinnen oder Nichten wählten sie sich ein Lehrmädchen,
das sie unterrichteten.
Heute wird das Wissen in dieser Art nicht mehr weitergegeben. Die wenigsten
Frauen töpfern noch. Und die Mädchen gehen in die Schule. Die traditionellen
Muster jedoch haben überdauert. Sie werden auch heute noch auf Röcke und für
Touristen und Touristinnen auf Souvenirs gemalt oder gestickt.

Impressionen aus dem Kressekeller

Der Agrarwissenschaftler Ernst Hoffmann gibt seine langjährigen Erfahrungen an Jugendliche weiter. Er leitet sie an, ihr eigenes Unternehmen zu führen und vermittelt den Jugendlichen damit Dinge, die sie in der Schule nicht lernen. Die Fotos zeigen den Kressekeller der Schule. Der Raum dient als Anzuchtraum, Büro und Lager zugleich. Unter Spezialbeleuchtung wachsen hier in sieben Tagen verkaufsfertige Kressekeimlinge heran.

Deutschland
2008
Fotos: Wolfgang Truckenbrodt

Großmutter Rara Santos und ihre Enkelin Imilda Cruz
Als Haushaltsvorstand hatte Rara Santos das Recht, sich eine ihrer Enkelinnen
als »Lehrling« zu wählen. Die 15-jährige Imilda begleitete sie und half ihr von
Kindesbeinen an.
Lehrmädchen mussten im Gegensatz zu Schwestern und Cousinen weniger auf
das Feld. Stattdessen übten sie sich im Töpfern. Still und diszipliniert saßen die
Mädchen neben ihrer Lehrerin und beobachteten diese. Gute Schülerinnen
durften mit der Meisterin an einem Gefäß arbeiten.

Shipibo-Conibo, Peru
1981
Foto: Angelika Gebhart-Sayer

Faltschachteln mit Saatgut und Substrat
Dies sind die Bestandteile, aus denen die Jugendlichen zusammen mit
dem Senior-Experten Ernst Hoffmann ihr Firmenprodukt herstellen.

Deutschland
2008
Papier, Pappe, Saatgut, Flachsvlies
Foto: Eva Winkler / SES

Gärkrug für Maniokbier und Übungsstück eines Mädchens
Um große, dünnwandige Gefäße herzustellen, bedarf es viel Erfahrung. Mädchen
fingen früher schon bald mit dem Töpfern an. Sie ahmten ihre Großmutter oder
Tante bei der Arbeit nach und übten an eigenen Stücken. Den kleinen Topf
fertigte ein ungefähr 8-jähriges Mädchen, den großen eine erfahrene Töpferin.
Die Muster des Gärkruges stehen für die Welt: Unten befindet sich die Wasser-
welt, darüber die Erde. Die dicken Blockmuster stützen den Himmel. Dieser
schwebt fein gemustert darüber.

Shipibo-Conibo, Peru
1983
Ton, bemalt und gefirnisst
Sammlung des Instituts für Ethnologie der Universität Tübingen
Foto: Eva Winkler / SES

Maniokbierkrug mit seitlichem Kopf

Geschlossene Gefäße sind besonders schwer herzustellen. Um den Hohlkörper
zu gestalten, benötigt man viel Geschicklichkeit und Erfahrung. Rara Santos,
eine über 70-jährige Töpferin, war im Dorf Caimito berühmt für solche liegenden
Gefäße. Sie war Anfang der 1980er Jahre die am meisten geachtete Töpferin
dort. Ihr und ihrer Familie war es wichtig, das Wissen über Töpferei und
Musterkunst an die folgenden Generationen weiterzugeben.

Rara Santos
Shipibo-Conibo, Peru
1983
Ton, bemalt und gefirnisst
Sammlung des Instituts für Ethnologie der Universität Tübingen
Foto: Eva Winkler / SES

Schildkröte

Mädchen probierten ihr Können an eigenen kleinen Töpfen und solchen Tontierchen aus. Ihre Familien lobten die Arbeiten. Niemals wurden diese belächelt. Ihre Übungsstücke verschenkten die Mädchen an ihre Brüder oder an ihren zukünftigen Mann.

Shipibo-Conibo, Peru
1981
Ton, bemalt
Privatbesitz
Foto: Eva Winkler / SES

Ausgemustert?! – Die Musterkunst der Shipibo-Conibo-Frauen in Peru

Angelika Gebhart-Sayer

»Alles ist mit Mustern verziert«, sagten die Shipibo-Conibo früher. Die gesamte sichtbare Welt eines Dorfes war von einem Netz geometrischer Muster überzogen: Hauspfosten, Moskitonetze, Küchengeräte, Korbwaren, Boote, Paddel, Waffen, Kleidung, Schmuck und sogar die Haut der Menschen. Während großer Feste hinterließen die Fußspuren der Tänzerinnen und Tänzer die Muster im Sand der Dorfplätze und Straßen. Die Muster verzierten auch die Keramik der Shipibo-Frauen, die weltweit bewundert wird und sich deshalb heute in vielen Museen der Welt findet.

Alle Tongefäße der heute etwa 25 000 Shipibo-Conibo am Ucayali-Fluss wurden in Ringwulsttechnik aufgebaut und am offenen Feuer gebrannt. Neben den plumpen, vom Feuer geschwärzten Kochtöpfen gab es 1981, als ich meine Feldforschung im Dorf Caimito durchführte, auch die überraschend dünnwandigen, mit linearen oder blockartigen Mustern bemalten Ess- und Trinkgefäße in großer Formenvielfalt. Außerdem wurden auch große Gefäße zur Aufbewahrung von Maniokbier hergestellt.

Elegante Form und Dünnwandigkeit stellten hohe Anforderungen an das technische Können der Töpferinnen. Was jedoch ihr Ansehen als hoch geschätzte Töpferinnen ausmachte, war weniger ihr technisches Knowhow als vielmehr ihre intellektuelle Leistung beim Komponieren überraschender, fein ausgeführter Linien- oder Blockmuster in der Gefäßbemalung. Die Mustermalerei ist eine anspruchsvolle Tätigkeit, weil ein Ehrenkodex jede Wiederholung, jede Kopie einer Musterkomposition verbietet – weder im Gesamtwerk einer Künstlerin, noch innerhalb eines Gehöfts oder Dorfes. Die einzelnen Musterkomponenten sind immer dieselben, sie lassen sich aber auf schier unendliche Weise neu variieren und kombinieren. Jedes Werk ist somit eine einzigartige Neuschöpfung. Bei großen Festen, wenn Besucherinnen und Besucher aus vielen Dörfern zusammen kamen, wurden früher Muster mit großer Neugier verglichen und bewundert, man holte sich neue Inspiration, vermied aber jegliches Kopieren. Den Ursprung ihrer innigen Beschäftigung mit Mustern schrieben Shipibo-Conibo der mythischen Weltschlange zu, welche mit ihrem bemusterten Leib die runde Erdscheibe umschließt und die Nahrung aus dem Wasser spendet.

Geschmücktes junges Mädchen – Augapfel der Familie
1983, Foto: Angelika Gebhart-Sayer

Frauen haben bei den Shipibo-Conibo eine starke gesellschaftliche Stellung und
ein auffallend selbstbewusstes Auftreten. Alle weiblichen Verwandten leben in
einem Gehöft zusammen, denn der junge Ehemann zieht in das Elternhaus seiner
Frau. Jede verheiratete Frau besitzt innerhalb des Familiengehöfts ein eigenes
Küchenhaus – früher auch eine eigene Töpferhütte. Die älteste Frau einer Familie
gibt den Ton in ihrem Gehöft an. Die Musterkunst ist bei den Shipibo-Conibo
Maßstab für das Ansehen einer Frau. Sie kündet von ihrer Klugheit, Besonnen-
heit, ihrer Feinheit, Intellektualität und Kultiviertheit.

Mädchen beim Üben von Mustern
1981, Foto: Angelika Gebhart-Sayer

Eine ältere Künstlerin wählte sich früher eine kleine Enkelin oder Nichte aus, die sie in den Künsten der Töpferei, Weberei und Musterkreation unterrichtete. Anfang der 1980er Jahre konnte ich dies in einigen wenigen Familien noch miterleben. Das auserwählte Mädchen ging der Meisterin in allen Hausarbeiten zur Hand, bediente sie, erleichterte ihr in jeder Weise das Leben, schlief bei ihr und wärmte sie in der Nacht, während die Frauen mittleren Alters und die übrigen Mädchen ihre Zeit in den Pflanzungen und mit den Hausarbeiten zubrachten. Wann immer die Künstlerin sich in ihre Töpferhütte zurückzog, setzte sich die Schülerin zu ihr, um still bei der Arbeit zuzuschauen. Wenige leise, freundliche Worte gingen hin und her. Auch fertigten die Schülerinnen eigene kleine Übungsgefäße, welche von der Meisterin bewundert, aber niemals negativ kritisiert wurden – und waren sie noch so unbeholfen. Eine Bestrafung für schlechte Ergebnisse beim Ausüben der Künste schien es nicht zu geben, wohl aber für ausgeprägte und wiederholte Faulheit Jugendlicher bei der Verrichtung anderer Arbeiten und für verspätetes Aufstehen.

Liedtexte drücken den Stolz und die Rührung aus, welche Brüder und Väter empfanden, wenn ihnen bei der Heimkehr von einem Fischzug die neuen Fortschritte eines kleinen Mädchens präsentiert wurden. Oft stellte ein Mädchen ein Stück ausdrücklich für einen bestimmten Bruder her.

Ein junges Mädchen war Anfang der 1980er Jahre der kostbare Augapfel einer jeden Familie. Kam eine Familie zu Geld, so floss dieses Einkommen mit Sicherheit in den Schmuck, die Röcke oder die Zahnreparaturen der Töchter.

Bei der Musterübung begann eine Schülerin zunächst mit dem seitlich parallelen Nachziehen einer von der Meisterin angelegten Hauptlinie. Diese sekundären Begleitlinien ermöglichten dem Kind ein unverfängliches Einüben der Pinselführung und zugleich ein Gefühl für den generellen Entwurf auf der gewölbten Oberfläche. Die tertiären Fülllinien, welche die Räume zwischen den Haupt- und Begleitlinien wie eine zarte Schattierung ausfüllen, sind wiederum schwierig auszuführen. Hierfür – wie auch für die Hauptlinien – bedurfte es einiger Übung, bevor eine Schülerin bei einem Gefäß der Meisterin mitgestalten durfte. Freilich malten, kritzelten, ritzten die Mädchen auch Muster in ihre Schulhefte, in eine hölzerne Oberfläche, in den Sand – wo immer sich eine Übungsfläche anbot.

Gemusterter Rock (Detail)

Rara Santos
Shipibo-Conibo, Peru
1983
Baumwolle, bemalt und bestickt
Sammlung des Instituts für Ethnologie der Universität Tübingen
Foto: Eva Winkler / SES

Anfang der 1980er Jahre töpferten die Frauen in Caimito nur noch wenig für den Eigengebrauch. Dies war eine Folge der Einführung von Kunststoff-, Aluminium- und Blechgefäßen. Für den Verkauf an eine Kooperative in der Nähe der Provinz- hauptstadt Pucallpa produzierten sie aber relativ viel gute und auch große Töpferware. In der Zwischenzeit hat sich die Situation gewendet. Heute werden für die immer spärlicher eintreffenden Touristen und Touristinnen neben wenigen Tonfigürchen und kleinen, gut im Koffer zu verstauenden Tonschalen, praktisch nur noch Textilien, Holzschnitzereien und Glasperlen-Armbänder her- gestellt. Diese weisen noch die traditionellen Muster auf. Außerdem tragen die Frauen nach wie vor die bemusterten Röcke (Herbert 2008).

Das Schrumpfen der Kunstproduktion – nach einem nun vorübergegangenen Boom – liegt aber nicht allein am ausbleibenden Tourismus. Schon im Jahre 1981 machten Shipibo-Conibo-Frauen die Schulpflicht für den Niedergang der Künste verantwortlich. Die Schule hatte damals auch die entlegenen Amazonasdörfer in Peru erreicht. Die Schulpflicht raubte den Mädchen die Möglichkeit, bei einer Meisterin »in die Lehre« zu gehen. Die Shipibo-Conibo beschwerten sich damals: »Während unsere Kinder weit davon entfernt sind, mit Alphabetisierung und neuartiger Schulbildung ihren Lebensunterhalt zu sichern, versäumen sie nahezu alles, was daheim von der älteren Generation zu lernen wäre, um die kulturell bewährten Überlebensstrategien zu erhalten«.

Dr. Angelika Gebhart-Sayer, Jahrgang 1943, ist Ethnologin und lebt bei Marburg.

Literatur:
Gebhart-Sayer, Angelika: Die Spitze des Bewusstseins. Untersuchungen zu Weltbild und Kunst
    der Shipibo-Conibo. Münchner Beiträge zur Amerikanistik, Band 21. Hohenschäftlarn 1987
Herbert, Andrea: persönliche Kommunikation

Übergänge

Mit unserem Tod hören wir auf zu altern. Doch wann ist der Mensch tatsächlich tot? Die Auffassungen darüber klaffen in den Kulturen der Welt weit auseinander. Denn das Sterben des Körpers ist nicht immer der Zeitpunkt, an dem ein Mensch von seiner Gemeinschaft als »gestorben« betrachtet wird. Den Übergang vom Leben in den Tod gestalten alle Gesellschaften auf besondere Weise. In einigen Kulturen liegen nur wenige Tage zwischen dem Sterben und der Bestattung des Körpers, in anderen kann sich diese Phase über viele Jahre hinziehen. So wird aus einem kurzen Zeitraum zuweilen eine lange Reise. Diese Zeit des Übergangs vom Leben in den Tod verunsichert und beunruhigt die Lebenden. Der Umgang mit Sterben und Tod ist daher häufig mit Tabus und besonderen Regeln belegt.

Die meisten von uns wünschen sich, dass sie einfach eines Tages nicht mehr aufwachen. Viele fürchten, einmal so krank zu werden, dass ihr Leben von Maschinen abhängt. Einigen erscheint dieser Zustand als »kein Leben mehr«. Doch was ist es dann?

Ärzte und Ärztinnen stellen hierzulande mit naturwissenschaftlichen Methoden den Todeszeitpunkt fest. Doch dieses nüchterne Verfahren scheint uns nicht auszureichen. Traditionelle Bräuche und persönliche Einstellungen formen unseren Umgang mit dem Tod. Eine Reihe von Ritualen für die Zeit nach dem Tod gibt uns eine gewisse Sicherheit.

Für die Sa'dan-Toraja auf der indonesischen Insel Sulawesi dagegen gilt das Leben erst durch bestimmte öffentliche Rituale als beendet. Ihrem Glauben nach stirbt ein Mensch erst dann, wenn die Bestattungsrituale vollzogen werden. Dies geschieht mitunter Jahrzehnte nach dem Ableben. Für Wohlhabende und Adlige richtet man große Totenfeste aus. Dadurch gelangen ihre Seelen in das Reich der Ahnen. Die Festvorbereitungen können Jahre dauern. So lange bleiben Tote im Haus der Familie. Sie gelten in diesem Zustand als »krank« oder »schlafend«. Erst wenn der erste Büffel beim Totenfest geopfert wird, tritt nach Ansicht der Sa'dan-Toraja tatsächlich der Tod des Menschen ein.

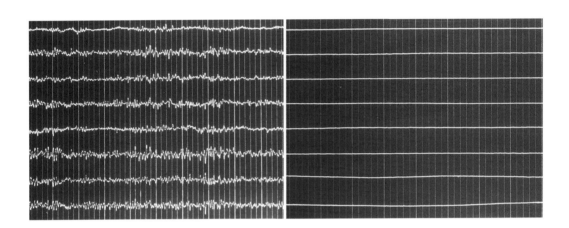

**Hirnstrom-Messung beim gesunden und beim hirntoten Menschen
im Vergleich** (Ausschnitte)
Die Elektroenzephalografie (EEG) zeigt beim gesunden Menschen die elektrische
Aktivität in der Hirnrinde. Dazu misst das EEG Spannungsschwankungen an der
Kopfhaut. Diese Schwankungen sieht man als Kurvenverläufe.
Das »Null-Linien-EEG« zeigt keine Hirnaktivität mehr. Ein Mensch gilt erst dann
als tot, wenn diese Linie 30 Minuten lang unter festgelegten Bedingungen
nachgewiesen wurde. Herz- und Lungentätigkeit werden in dieser Zeit aufrecht
erhalten.

Deutschland
2007
Fotos: Deutsche Stiftung Organtransplantation

Totentuch

Spezialisten hüllen den Leichnam in viele Lagen mitunter sehr wertvoller Stoffe ein. Früher verwendete man bei hochgestellten Persönlichkeiten auch diese großen, aus vier Webbahnen zusammengesetzten und in einem aufwändigen Färbeverfahren gemusterten Tücher. Sie wurden nicht von den Sa'dan-Toraja selbst hergestellt, sondern aus den Nachbarregionen eingeführt. Die Stoffe mit den stilisierten Menschenfiguren dienten auch als Sargdecken oder zur Dekoration bei den Totenfesten.

Toraja, Rongkong-Gebiet, Indonesien
um 1920
Baumwolle, Naturfarben, Abbindetechnik
Museum für Völkerkunde Dresden
Foto: Eva Winkler / SES

Friedhof

Letzte Ruhestätte des Menschen ist hierzulande in aller Regel ein Friedhof.
Die Dauer des Übergangs ist genau geregelt. In Sachsen erfolgt die Bestattung
oder Einäscherung frühestens 48 Stunden nach Eintritt des Todes. Erdbestat-
tungen werden innerhalb von fünf Tagen, Feuerbestattungen innerhalb von
sieben Tagen nach dem Tod durchgeführt.

Deutschland
2008
Foto: picture-alliance / Sören Stache

Zeremonialtuch

Bei den Bestattungsritualen der Sa'dan-Toraja haben »heilige« Stoffe vielfältige
Funktionen. Sie hängen im oder vor dem Haus des Verstorbenen an Bambus-
pfosten. Solche schmalen Stoffbänder werden hochrangigen Verstorbenen auf
den Brustkorb gelegt. Sie können auch vom Ritualleiter getragen werden.
Mitunter bindet man sie den Totenfiguren als Turbantuch um den Kopf. Als Sattel
auf den Rücken des bedeutendsten Opferbüffels gelegt, tragen sie symbolisch
den Verstorbenen in das Totenreich.

Sa'dan-Toraja, Indonesien
erste Hälfte 20. Jahrhundert
Baumwolle, Druck
Privatsammlung
Foto: Eva Winkler / SES

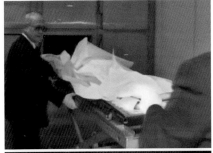

Stationen des Übergangs
Der Film, dem diese Standbilder
entstammen, zeigt den Weg, den die
meisten Verstorbenen in Deutschland
nach ihrem Tod nehmen. Dieser führt
von der Kühlkammer im Krankenhaus
über das Bestattungsinstitut bis hin
zur Trauerfeier und dem Grab.

Deutschland
1995
»Ehre den Toten – Trauer, Tabu & Pietät«
Regie und Kamera: Joachim Wossidlo

Stationen des Übergangs

1996 fand in Tana Toraja ein großes
Totenfest für eine Adlige und deren
Sohn statt. Sie waren drei beziehungs-
weise ein Jahr zuvor verstorben.
Der deutsche Filmemacher Josef
Kirchmayer nahm an der Bestattungs-
feier teil. Er dokumentierte die Vor-
bereitungen, wichtige Festmomente
und den Weg der Toten zur letzten
Ruhestätte.

Von oben nach unten:
– Gäste bringen Geschenke
  und Opfertiere
– Kriegstänzer führen die
  Prozession zum Festplatz an
– Opferung der Büffel
  auf dem Festplatz
– Trauernde Angehörige am Sarg
  der vor Jahren verstorbenen Adligen
– Ein Totenbündel wird in die
  Felsgruft geschoben

Deutschland
1995
»Ein Leben für den Tod«
Regie und Kamera: Josef Kirchmayer

Perlendekoration

Perlengehänge aus importierten Glasperlen gehören zu den heiligen Wertgegen-ständen der Sa'dan-Toraja. Zu großen Totenfesten hängen sie vor dem Stamm-haus der Familie des Verstorbenen. Auch in der Nähe des Sarges findet man sie. Manchmal tragen die Enkelkinder des Toten beim Fest solche Geflechte als Schmuck auf dem Rücken. Bedeutende Perlengehänge haben persönliche Namen und schützen vor Unglück oder garantieren Wohlstand.

Sa'dan-Toraja, Indonesien
erste Hälfte 20. Jahrhundert
Glasperlen, Baumwolle, Bambus
Museum für Völkerkunde Dresden
Foto: Eva Winkler / SES

Die Reise der Seele –
Totenfeste der Toraja in Indonesien

Petra Martin

Tana Toraja, ein Distrikt in der Provinz Süd-Sulawesi, ist längst kein Geheimtipp mehr. Millionen Touristen aus dem In- und Ausland kamen in den vergangenen vier Jahrzehnten hierher. Neben der faszinierenden Berglandschaft und der spektakulären Architektur in den traditionellen Dörfern, gelten die großen Totenfeste als die Hauptattraktion der Region. Bestattungsfeste finden oft Monate, Jahre oder sogar Jahrzehnte nach dem Ableben eines Menschen statt. Nach dem Glauben der Sa'dan-Toraja, der Bewohner des Distrikts, ist der Tod nicht allein ein biologisches Phänomen. Nicht nur physische Kriterien, sondern die Ausführung bestimmter Rituale entscheiden über den Zeitpunkt des Todes.

Etwa ein Drittel der 350 000 Sa'dan-Toraja folgt heute noch dem »Weg der Ahnen«, der mündlich überlieferten Religion, die hauptsächlich durch Opferhandlungen praktiziert wird. Nach den Vorstellungen der Sa'dan-Toraja ist der Kosmos vertikal und horizontal strukturiert. Beide Ebenen sind miteinander verwoben. Götter bewohnen die Oberwelt, Ahnen die Unterwelt, während die Mittelwelt das Reich der Menschen ist. Norden und Osten werden mit Leben und Göttern assoziiert, Süden und Westen dagegen mit Tod und Ahnen. Die »Ost-Rituale« regeln die Beziehungen zwischen den Menschen und den Göttern. Sie widmen sich daher Lebensthemen wie zum Beispiel Geburt, Heilung, Reisanbau. Die »West-Rituale« stellen die Verbindungen zwischen den Menschen und ihren Ahnen her. Sie haben mit Tod und Bestattung zu tun. Diese beiden sich ergänzenden Sphären sind zeitlich und räumlich voneinander getrennt. Jedes traditionelle Dorf hat zwei Festplätze: einen für die Durchführung der Ostrituale und einen für die Westrituale. Bei Sonnenaufgang opfert man den Göttern, bei Sonnenuntergang den Ahnen. Auch das Jahr hat einen »östlichen« und einen »westlichen« Teil, der jeweils mit dem Anbauzyklus korrespondiert. Von der Reis-Aussaat bis zum Einbringen der Ernte dürfen keine Bestattungsfeste ausgerichtet werden. In der Südwest-Region der Mittelwelt befinden sich das »Dorf der Schatten« und das »Land der Ahnen«. Hierhin müssen die Seelen der Verstorbenen geleitet werden. Die Umwandlung der Lebendseele in eine Totenseele, die Wandlung eines Menschen in einen Ahnen, ist der wichtigste Aspekt der Bestattungsrituale (Nooy-Palm 1986; Berger 2000: 25–29; Tjintjilonis 2000a: 31–33).

Wie aufwändig ein Totenfest ist, wie viele Opfertiere geschlachtet werden und welche Rituale genau zur Ausführung gelangen, hängt von mehreren Faktoren ab. Unabhängig von lokalen Unterschieden sind der soziale Status, das Alter des Verstorbenen und die Art des Todes von Bedeutung.

Die hierarchisch gegliederte Gesellschaft der Sa'dan-Toraja kennt mindestens drei Ränge: die »Adligen«, die »freien Bauern« und die »Sklaven«.* Nur die ersten beiden gesellschaftlichen Ränge gelten als »wahre Menschen« und sind als Landbesitzer finanziell und rechtlich in der Lage, große Rituale auszuführen. Die »Sklaven« besitzen kein eigenes Land, sie arbeiten für den Adel. Bei den Bestattungsritualen sind sie jedoch unerlässliche Helfer, denn aus ihrer Schicht, die mit der Unterwelt in Verbindung gebracht wird, rekrutiert sich der Toten-priester.

Während für bedeutende Adlige Dutzende Büffel geopfert werden können, sind den nachfolgenden Rängen nur maximal acht beziehungsweise zwei erlaubt. Die Seelen der Büffel begleiten die Toten ins Land der Ahnen und repräsentieren dort ihren Reichtum und Status (Tjintjilonis 1997: 247–250; Berger 2000: 20–22; Nooy-Palm 1979: 43–57).

Für die niederen Ränge endet der Weg der Seele im Land der Ahnen. Angehörige des Adels können jedoch durch weitere Opferrituale zu vergöttlichten Ahnen der Oberwelt werden. Sie wechseln dadurch wieder von der Sphäre des Westens / des Todes zur Sphäre des Ostens / des Lebens (Berger 2000: 70).

Nach dem Ableben eines Menschen wird sein Tod, so scheint es, zunächst ignoriert. Er gilt als »fieberhaft erkrankt« und sein Zustand wird als »schlafend« beschrieben. Der Lebensgeist hat ihn verlassen, doch hält er sich noch in der Nähe des Körpers auf. Der Totenpriester hüllt den »Kranken« in viele Lagen mitunter sehr kostbarer Stoffe ein. Das Totenbündel wird im südlichsten Raum des Hauses aufgebahrt. Monate oder Jahre können vergehen. In der Zwischen-zeit werden die Vorbereitungen für die Bestattungsfeier getroffen. Das Erbe muss geregelt, der Reis geerntet und ein Festdorf für die zahlreichen Gäste errichtet werden. Gehörte der oder die Verstorbene dem Adel an, wird ein Schnitzer beauftragt, für das Totenfest eine Figur herzustellen. Diese Figur, auch »kleiner Mensch« oder »Seele, die man sehen kann« genannt, wird kurz vor Eintritt des rituellen Todes neben das Totenbündel gelegt (Nooy-Palm 1979: 261f.; Crystal 1985: 131–134).

* Diese Bezeichnung der Ränge stammt von westlichen Ethnologen, die mit dem »feudalen« Vokabular versuchten, die soziale Hierarchie der Sa'dan-Toraja zu beschreiben. Die »Sklaven« selbst verstehen sich jedoch nicht als ausgebeutete Klasse. In gewisser Weise stehen sie in einer wechselseitigen Beziehung mit Pflichten, aber auch Rechten gegenüber dem Adel. (Berger 2000: 22)

Totenfigur
Früher waren die Totenfiguren stark stilisiert und
deuteten nur das Geschlecht des Verstorbenen an.

Sa'dan-Toraja, Indonesien
vor 1970
Holz vom Jackfruit-Baum, Augen aus Büffelknochen und -horn
Museum für Völkerkunde Dresden
Foto: Eva Winkler / SES

Felswand bei Lemo (Tana Toraja) mit Familiengrüften und Totenfiguren
1996, Foto: Hans-Peter Grumpe

Drei Nächte vor dem Beginn der Bestattungsrituale sollen Lärm und Schüsse den
Lebensgeist vertreiben, um die Unbestimmtheit der Krankheit in die Unvermeid-
lichkeit des Todes zu wenden. Dies geschieht durch das Töten eines Büffels, der
mit dem »Kranken« identifiziert wird. Auf dramatische Weise sterben so Mensch
und Tier gemeinsam. Der Lebensgeist wird zu einem »schwarzen Schatten«, der
Totenseele, die vorübergehend im hölzernen Abbild des Verstorbenen einen
Aufenthaltsort findet (Tjintjilonis 2000b: 5). Ihr Geleit über mehrere Etappen
vom Haus zum Felsengrab ist Aufgabe der nachfolgenden Rituale. Die anfangs
schlicht gekleidete Figur wird nach und nach mit wertvollen Stoffen und Status-
symbolen verziert, was die allmähliche Wandlung zum Ahnen ausdrückt. Eine
Prozession aller Festteilnehmer mit dem aufgebahrten Toten, der Holzfigur
sowie den Opfertieren führt vom Dorf zum Festplatz. Hier werden in den Abend-
stunden Reigen getanzt und die Totenklage gesungen. Tagsüber empfängt die
Familie Gäste und nimmt deren Geschenke entgegen. Zur Unterhaltung finden
Büffel- und Hahnenkämpfe statt. Auf die rituelle Schlachtung der Opfertiere
folgen die zeremonielle Fleischverteilung und der gemeinsame Festschmaus.

Galerie mit modernen, porträtähnlichen Totenfiguren bei Londa (Tana Toraja).
1996, Foto: Hans-Peter Grumpe

Eine letzte Prozession führt am Ende der Bestattungsriten vom Festplatz zum
Felsgrab, dem »Haus, aus dem kein Rauch aufsteigt«. In einer mitunter 60 bis
70 Meter hoch gelegenen Felsnische findet der Tote seine letzte Ruhestätte.
Die Totenfigur wird in der Nähe des Grabes in einer Galerie aufgestellt. Sofern
die Verwandten ihren rituellen Pflichten weiter nachkommen, verlässt die Totenseele ihren »zweiten Körper« und erreicht das »Dorf der Schatten« im Süden,
von wo sie sich westwärts – gen Sonnenuntergang – dem Platz der Ahnen
zuwendet (Berger 2000: 105; Tjintjilonis 2000b: 5).
Die Bestattungsrituale der Sa'dan-Toraja repräsentieren nicht nur die Passage
von Leben zu Tod, sie machen diese erst möglich.

Der Distrikt Tana Toraja und auch der »Weg der Ahnen« verändern sich schnell. Viele Opferhandlungen wurden aufgegeben oder modifiziert. Im Vergleich zu den »Ostritualen« erweisen sich die »Westrituale«, also die Bestattungsrituale, als beständiger. Mehr noch: große Totenfeste – einst das Privileg der sozialen Elite – werden nun auch von Wohlhabenden anderer sozialer Schichten ausgeführt. Heftige Debatten gibt es allerdings über den Platz der Tradition bei den zum Christentum konvertierten Sa'dan-Toraja (Tjintjilonis 2007: 192). Während die protestantische Toraja-Kirche Tieropfer in einem begrenzten Umfang toleriert, lehnt sie die Totenfiguren als »unchristlich« ab. Die indonesische Regierung bestärkt jedoch gerade solche Kulturäußerungen, da sie Tana Toraja ein »traditionelles« Image verleihen. Der Tourismus ist schließlich für das ressourcenarme und dicht besiedelte Gebiet ein bedeutender Wirtschaftsfaktor (Adams 2006).

Petra Martin ist Kustodin der Südostasien-Sammlungen am Museum für Völkerkunde Dresden. Sie wurde 1959 geboren und lebt in Liegau-Augustusbad.

Literatur:
Adams, Kathleen M.: Art as politics. Re-crafting identities, tourism, and power in Tana Toraja, Indonesia. Honolulu 2006
Berger, Peter / Kottmann, Rainer: Die lange Reise der Toten. Zwei Studien zu Ideologie und Praxis des Todes in Süd- und Südostasien. Hamburg 2000
Crsytal, Eric: The soul that is seen: The tau tau as shadow of death. Reflection of life in Toraja tradition. In: Feldman, Jerome (Hg.): The eloquent dead. Ancestors in the Sculpture of Indonesia and Southeast Asia. Los Angeles 1985, S. 129–146
Gittinger, Mattiebelle: Textiles for this world and beyond. Treasures from Insular Southeast Asia. London 2005
Gittinger, Mattiebelle: Splendid Symbols. Textiles and tradition in Indonesia. Washington, DC 1979
Nooy-Palm, Hetty: The Sa'dan-Toraja. A study of their social life and religion. Vol. I: Organization, symbols and beliefs. The Hague 1979
Nooy-Palm, Hetty: The Sa'dan-Toraja. A study of their social life and religion. Vol. II: Rituals of the East and West. Dordrecht 1986
Tsintjilouis, Dimitri: Being in Place and Being a Place. ›Sumanga‹ in Buntao. In: Bijdragen tot de Taal-, Land- en Volkenkunde (1999, 155: 2), S. 617–643
Tsintjilouis, Dimitri: A Head for the Dead: Sacred Violence in Tana Toraja. In: Archipel (2000a, 59: 1), S. 27–50
Tsintjilouis, Dimitri: Death and the sacrifice of signs. ›Measuring‹ the Dead in Tana Toraja. In: Oceania (2000b, 71: 1), S. 1–17
Tsintjilouis, Dimitri: The Death-Bearing Senses in Tana Toraja. In: Ethnos (2007, 72: 2), S. 173–194

Familienbande

Überall auf der Welt vermitteln alte Menschen zwischen Vergangenheit und Zukunft. In Erzählungen und Anekdoten aus ihrem Leben lassen sie vergangene Zeiten und Personen aufleben. Sie berichten ihren Kindern und Enkelkindern von den Vorfahren. Dies kann viele Formen annehmen. In einigen Kulturen werden den Vorfahren zu Ehren öffentliche Feste oder Rituale abgehalten, in anderen beschränkt sich die Beschäftigung mit den Ahnen stärker auf den Bereich der Familie. Der Rückbezug auf Ahnen und Vorfahren ist weltweit eine wichtige Quelle für familiäres und kulturelles Selbstverständnis.

Wohl jeder von uns kann Geschichten aus dem Leben der eigenen Vorfahren erzählen. Von Generation zu Generation geben Familien diese Anekdoten weiter. So kennen wir unsere Ahnen, ohne sie je persönlich kennen gelernt zu haben. Die Urgroßmutter, die in der Schule Streiche ausheckte, der Großvater, der im Krieg starb – in der Erinnerung bleiben auch die Toten lebendig.
Die Beschäftigung mit den Ahnen kann zur Wissenschaft werden. Manche erforschen beispielsweise die Herkunft und das Leben der eigenen Ahnen. Dies scheint besonders dann interessant, wenn die Vorfahren berühmt waren. So gehen unter Umständen familiäres und öffentliches Interesse an den Ahnen eine enge Verbindung ein.

In Westafrika sagt man, dass alte Menschen den Ahnen nahe stehen. Auch deshalb wird Älteren dort häufig großer Respekt entgegengebracht. Viele Menschen in Westafrika glauben, dass die Ahnen das Leben ihrer heute lebenden Nachkommen stark beeinflussen. Deswegen opfern diese regelmäßig den Vorfahren und erhoffen sich davon Erfolg und Gesundheit. Bei den Fon in Benin kümmern sich vor allem die Familienältesten um die Ahnen. Sie leiten die Zeremonien an den Altären der Vorfahren und tragen so zum Wohl der Familie bei. Zu Festen können die Ahnen auch personifiziert erscheinen. Maskenträger tanzen durch die Straßen und überbringen den Lebenden Botschaften der Vorfahren.

»Familienaltar« (Installation)

»Die Ahnen« – das klingt nach exotischen Kulten fremder Völker. Unvermutet finden sich auch hierzulande ihre Spuren. Familien erinnern mit solchen Foto-ecken an ihre Vorfahren. Häufig sind es ältere Familienmitglieder, die aktiv das Wissen über die Verstorbenen weitergeben. Doch was sagen uns die alten Familienfotos, wenn uns niemand mehr eine Geschichte dazu erzählen kann? Oft finden sich auch nachfolgende Generationen auf diesen Familienaltären.

Deutschland
2008
Privatbesitz
Foto: Eva Winkler / SES

Ahnen-Altar

Die Fon ehren ihre verstorbenen Angehörigen mit besonderen Altären:
den »Asen«. Auf den Altären, die von spezialisierten Schmieden hergestellt
werden, sind oftmals der Ahn und Ereignisse aus seinem Leben dargestellt.
Viele Motive greifen auch Sprichwörter oder Wortspiele auf, die auf das
verstorbene Familienmitglied hinweisen.

Fon, Benin
20. Jahrhundert
Kupferlegierung, Eisen, Holz
Museum für Völkerkunde Dresden
Foto: Eva Winkler / SES

Familiäre Erinnerungsecken

Fotos unserer Vorfahren umgeben uns, doch oft übersehen wir sie im Alltag.
Solche Fotografien dienen häufig als Anlass, von den Vorfahren zu erzählen.
Manche platzieren die Familienfotos eher nüchtern, andere umgeben sie mit
Blumen und Kerzen. Die Aufnahmen verdeutlichen, was wir sonst kaum bewusst
wahrnehmen: Auch bei uns spielen Verbindungen zu unseren Vorfahren eine
beachtliche Rolle.

Deutschland
2008
Fotos: privat
Reproduktionen

Ahnen-Altar
Hier halten der Ahn und seine Frauen ein Seil, damit werden Zusammenhalt und
Weiterbestand der Familie verdeutlicht. Das Flugzeug soll nach Haiti fliegen, um
die Seelen der versklavten Angehörigen zurückzubringen. Das Kreuz ist dem
Schöpfergott der Fon zuzuordnen.

Fon, Benin
zweite Hälfte 20. Jahrhundert
Kupferlegierung, Eisen, Kaurischnecken
Henning Christoph, Soul of Africa Museum, Essen
Foto: Henning Christoph, Soul of Africa Museum, Essen

Adam-Ries-Kostüm

Der Adam-Ries-Bund ist die Vereinigung von Nachkommen des berühmten
Rechenmeisters. Neben der Familienforschung betreibt der Verband ein Museum.
Er veranstaltet wissenschaftliche Tagungen und richtet einen Schülerwettbewerb
aus. Zuweilen verkörpern Mitglieder des Adam-Ries-Bundes ihren Ahn zu unter-
schiedlichen Anlässen, etwa im Museum und an Schulen – stets in historischem
Kostüm und mit Rechenbrett. Ein weiteres Kostüm ist nach wie vor in Gebrauch.

Deutschland
Ende 20. Jahrhundert
unterschiedliche Naturtextilien
Adam-Ries-Bund e. V., Annaberg-Buchholz
Foto: Eva Winkler / SES

Ahnenmaske

Die vor allem im südwestlichen Nigeria lebenden Yoruba glauben, dass die Ahnen regelmäßig auf die Erde zurückgerufen werden müssen, um das Wohlergehen der Gemeinschaft zu sichern. Die Ahnen zeigen sich in Egungun-Masken, die von Mitgliedern des gleichnamigen Bundes getragen werden. Vor allem in Krisenzeiten und zu größeren Festen treten die Masken auf, tanzen und überbringen Botschaften der Vorfahren. Ähnliche Masken gibt es auch bei den Fon im benachbarten Benin.

Benin
zweite Hälfte 20. Jahrhundert
Stoff, Holz
Museum für Völkerkunde Dresden
Foto: Eva Winkler / SES

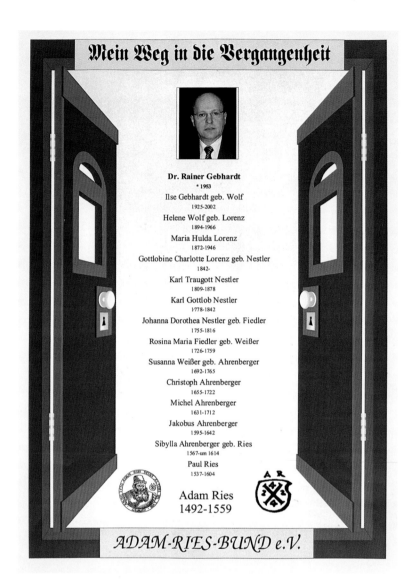

Mein Weg in die Vergangenheit

Dr. Rainer Gebhardt
* 1953

Ilse Gebhardt geb. Wolf
1925-2002

Helene Wolf geb. Lorenz
1894-1966

Maria Hulda Lorenz
1872-1946

Gottlobine Charlotte Lorenz geb. Nestler
1842-

Karl Traugott Nestler
1809-1878

Karl Gottlob Nestler
1778-1842

Johanna Dorothea Nestler geb. Fiedler
1755-1816

Rosina Maria Fiedler geb. Weißer
1726-1759

Susanna Weißer geb. Ahrenberger
1692-1765

Christoph Ahrenberger
1655-1722

Michel Ahrenberger
1631-1712

Jakobus Ahrenberger
1595-1642

Sibylla Ahrenberger geb. Ries
1567-um 1614

Paul Ries
1537-1604

Adam Ries
1492-1559

ADAM-RIES-BUND e.V.

»Mein Weg in die Vergangenheit«

Über 50 Prozent der Mitglieder des Adam-Ries-Bundes sind direkte Nachfahren. Neben solchen Darstellungen von Abstammungslinien vergibt der Adam-Ries-Bund auch Zertifikate. In diesen wird auf der Grundlage vorgelegter Nachweise bestätigt, dass eine Person Nachfahre des Rechenmeisters ist, der auch als »Adam Riese« bekannt ist.

Deutschland
2008
Papier
Privatbesitz
Foto: Eva Winkler / SES

Tanzende Ahnenmaske

Benin
1999 / 2000
Foto: Alfred Schäfer

Opferaltäre und tanzende Masken –
Ahnenverehrung in Westafrika

Birgit Kertscher

Der große Respekt, der vielen älteren Frauen und Männern in Westafrika entgegen gebracht wird, basiert unter anderem auf deren enger Beziehung zu den Vorfahren. Viele Alte genießen zu Lebzeiten nahezu Ahnenrang: Sie sollen, im Ideal, verehrt und geachtet werden. Die Familienältesten sind oftmals für die Kommunikation mit den Ahnen zuständig. Sie leiten die Zeremonien, die zu Ehren der Vorfahren abgehalten werden und sorgen auf diese Weise für das Wohlergehen der Familie (Rosenmayr 2007: 110f.).

Die Auffassung, dass die Verstorbenen mit den Lebenden in enger Verbindung bleiben und deren Geschicke in entscheidendem Maße beeinflussen, ist in weiten Teilen Westafrikas verbreitet. Es heißt, dass die Ahnen Lehren und Nachrichten übermitteln und schützend oder strafend auf die Nachkommen wirken. Deshalb müssen die Angehörigen ihre Vorfahren ehren, ihnen regelmäßig Trank- und Speiseopfer bringen, um ihren Zuspruch und ihr Wohlwollen zu erhalten. Allerdings können nicht alle Verstorbenen als Ahnen gelten: Nur wer ein hohes Alter erreicht, mehrere Kinder gezeugt oder geboren und ein vorbildliches, gesellschaftskonformes Leben geführt hat, wird als solcher anerkannt. Außerdem müssen die oftmals sehr zeit- und kostenintensiven Beerdigungsriten korrekt vollzogen werden. Der Ahnenstatus kann auch wieder aufgehoben werden: Wenn Vorfahren, denen regelmäßig Opfer dargebracht wurden, keinen Schutz und keine Unterstützung bieten, gedenkt man ihrer immer weniger. Sie fallen schließlich dem Vergessen anheim (Edusei 1995: 56ff.; Thiel 1993: 40ff.).
Die Zeremonien, die zu Ehren der Ahnen abgehalten werden, finden in der Regel an speziellen Altären statt. Besonders beachtenswerte Ahnenaltäre aus Metall gibt es bei den im zentralen und südlichen Benin lebenden Fon. Die Altäre werden als *Asen* bezeichnet und bestehen aus einem tellerartigen Aufsatz, der von einem kegel- oder speichenförmigen Sockel getragen und durch einen Eisenstab im Boden fixiert wird. Auf dem Aufsatz sind häufig sowohl der Verstorbene als auch Szenen aus seinem Leben dreidimensional dargestellt. Viele Motive greifen auch Sprichwörter oder Wortspiele auf, die auf den Ahnen hinweisen. Die Form der *Asen*-Altäre erinnert an eine Kalebasse. Die Kalebasse mit Deckel gilt bei den Fon als Symbol des Universums. Ober- und Unterteil des Gefäßes stehen für die unsichtbare beziehungsweise die sichtbare Welt, das Reich der Toten und das Reich der Lebenden. Beide Hälften berühren und beeinflussen sich (Müller / Ritz-Müller 1999: 193ff.).

Die ältesten Frauen opfern Getränke und Speisen und befragen die Ahnen.
2005, Foto: Henning Christoph, Soul of Africa Museum, Essen

Die Altäre werden von spezialisierten Schmieden hergestellt und in mehreren
Zeremonien, die während und nach der Fertigung stattfinden, geweiht. Zum
Abschluss wird jeder neue *Asen*-Altar zu den anderen Altären der Familie gestellt
und der Verstorbene somit in die Ahnenreihe aufgenommen. Idealerweise wird
jeder Ahn durch ein solches Objekt repräsentiert, häufig finden sich aber auch
Gruppenzuschreibungen, da die Herstellung eines angemessenen Altars den
Familien aus finanziellen Gründen nicht immer möglich ist (de Souza 1975: 64f.).

Alle *Asen*-Altäre einer Familie stehen in einem speziellen Zimmer oder Haus, das sich zum zentralen Hof hin öffnet. Hier werden die Zeremonien zu Ehren der Ahnen durchgeführt. Mindestens ein Mal im Jahr gibt es eine größere Opferzeremonie, an der alle Familienmitglieder teilnehmen. Alle sechs bis sieben Jahre findet außerdem ein sehr aufwändiges Fest statt, für das sich die Angehörigen oftmals verschulden. Aber auch außerhalb dieser besonderen Zeiten muss man sich um die Ahnen kümmern, um ihren Zuspruch zu erhalten. Bei allen wichtigen Entscheidungen und Ereignissen, wie Geburt, Ernte oder größeren Unternehmungen, werden sie konsultiert. Vor allem die ältesten Frauen leiten die Zeremonien an den Altären. In kleinen Kalebassen bringen sie Alkohol, Wasser, verdünntes Blut oder Bohnen als Opfergaben dar. Anschließend tragen sie die Probleme der Angehörigen vor und befragen die Ahnen, indem sie die Blätter einer Kolanuss vor die Altäre werfen und deren Anordnung deuten.

Junge Angehörige bleiben während der Zeremonie außerhalb des Altarraumes.
2005, Foto: Henning Christoph, Soul of Africa Museum, Essen

Sie fungieren als Sprecher der Ahnen und sind somit die Bindeglieder zwischen den lebenden und verstorbenen Familienangehörigen. Durch diese Vermittlerrolle, so glaubt man, tragen sie entscheidend zum Wohl der gesamten Familie bei (Bay 1985: 33ff.; Müller / Ritz-Müller 1999: 194ff.).

Die Vorfahren werden aber nicht nur durch Altäre geehrt. Herausragende Ahnen können auch durch Masken verkörpert werden und auf diese Weise im Hier und Jetzt in Erscheinung treten. Ein bekanntes Beispiel findet sich bei den vor allem im südwestlichen Nigeria lebenden Yoruba. Auch diese glauben, dass die Ahnen regelmäßig auf die Erde zurückgerufen werden müssen, um das Gedeihen der Gemeinschaft zu sichern. Sie sollen sich in Masken zeigen, die von Mitgliedern einer speziellen Vereinigung, dem Egungun-Bund, getragen werden. Dieser Bund kümmert sich um die Beziehung zwischen den Ahnen und den Lebenden.

Jedes Jahr oder alle zwei Jahre findet ein großes, mehrwöchiges Fest statt, bei dem viele verschiedene Masken, unter ihnen auch Unterhaltungsmasken, erscheinen. Von Trommelmusik begleitet, tanzen sie mit akrobatischen, wirbelnden Bewegungen auf dem Dorfplatz. Wärter, die ihnen zur Seite gestellt sind, halten die Masken mit Stöcken in Schach und vermitteln zwischen ihnen und dem umstehenden Publikum. Während ihres Auftritts sprechen die Ahnenmasken mit verzerrter Stimme. Sie geben Ratschläge und bestrafen Vergehen. Ihre Äußerungen gelten als Botschaften der Ahnen, sie sind für jeden verpflichtend. Die Egungun-Masken selbst sind sehr unterschiedlich gestaltet, sie variieren auch von Region zu Region. Der Körper des Maskenträgers wird jedoch immer vollständig von der Maske umhüllt, Hände und Füße sind ebenfalls bedeckt. Ein netzartiges, mit Kaurischnecken verziertes Gewebe im Gesichtsbereich gibt dem Träger ein wenig Sicht frei und ermöglicht ihm, sich zu orientieren. Mehrere Stoffschichten umgeben den Körper, sie sollen das Publikum vor der enormen Kraft, die von der Maske ausgeht, schützen. Die äußere Schicht ist häufig mit farbigen Mustern und Motiven verziert. Die Stoffbahnen sind an einer Holzplatte befestigt, die auf dem Kopf getragen wird, teilweise gibt es auch tier- oder menschengestaltige Holzaufsätze. Die Masken, die insgesamt bis zu 40 Kilogramm wiegen können, werden häufig über mehrere Stunden in einer drückenden, schwülen Hitze getragen (Hahner-Herzog 1997: 266; Chesi 2007: 21f.; Beckwith / Fisher 1999: 311).

Die Zeremonien mit den tanzenden Egungun-Masken sind ein wichtiges Instrument, um das soziale Gefüge der Gemeinschaft zu regulieren. Durch ihre Vermittlerrolle greifen die Masken direkt in gesellschaftliche Prozesse ein und steuern diese, sie üben somit auch richterliche Funktionen aus. Ihre außer- oder überweltliche Herkunft legitimiert sie in ihrem Handeln. Den Ahnen, so glaubt man, wird ermöglicht für eine kurze Zeit unter die Lebenden zurückzukehren. Auf diese Weise sollen sie die Ordnung zwischen dem Diesseits und Jenseits erhalten oder, falls jene gestört wurde, wiederherstellen.

Birgit Kertscher ist Ethnologin mit Schwerpunkt Afrika und Vorderer Orient. Sie wurde 1979 geboren und arbeitet am Museum für Völkerkunde Dresden.

Literatur:
Bay, Edna G.: Asen. Iron Altars of the Fon People of Benin. Atlanta 1985
Beckwith, Carol / Fisher, Angela: Afrika. Kulte, Feste, Rituale. Bd. 2, München 1999
Chesi, Gert: Maskenwesen in Afrika. In: Kreissl, Eva (Hg.): Die Macht der Maske. Weitra 2007, S. 19–34
Edusei, Kofi: Für uns ist Religion die Erde, auf der wir leben. Ein Afrikaner erzählt von der Kultur der Akan. Stuttgart 1995
Hahner-Herzog, Iris: Egungun-Masken und Maskeraden. In: Eisenhofer, Stefan (Hg.): Kulte, Künstler, Könige in Afrika. Tradition und Moderne in Südnigeria. Linz 1997, S. 266–271
Müller, Klaus E. / Ritz-Müller, Ute: Soul of Africa. Magie eines Kontinents. Köln 1999
Rosenmayr, Leopold: Schöpferisch altern. Eine Philosophie des Lebens. Wien u. a. 2007
Souza, Germain de: Conception de vie chez les »Fon«. Cotonou 1975 (Croyances et coutumes des »Fon«)
Thiel, Josef Franz: Tod und Jenseitsglaube in Bantu-Afrika. In: Klimkeit, Hans-Joachim: Tod und Jenseits im Glauben der Völker. Wiesbaden 1993, S. 40–47

**Tanzende Ahnenmasken gibt es auch bei den Fon,
hier eine Aufnahme aus Südbenin.**
1999 / 2000, Foto: Alfred Schäfer

Jugendträume

Der Traum von der ewigen Jugend ist altbekannt. Mythen und Erzählungen von wundersamen Verjüngungen finden sich in vielen Kulturen. Bisher ist dies jedoch ein Traum geblieben, das Elixier für die ewige Jugend ist noch immer nicht gefunden.

Menschen in vielen Ländern arbeiten daran, sich jung zu halten und die »Zeichen der Zeit« zu bekämpfen. Sport, Cremes, Hormone, Kräuter, Pillen, Operationen – die Menschheit hat die unterschiedlichsten Mittel gefunden, um das Altern zumindest äußerlich zu verzögern. Oftmals sind diese Methoden mit unangenehmen Prozeduren, Schmerzen oder gar Gefahren verbunden. Was sind wir bereit, für unseren Traum von jugendlicher Schönheit auf uns zu nehmen?

Schon die »Haut ab 30«, so wird uns gesagt, brauche besondere Zuwendung. Denn im Gesicht zeigen sich Zeichen der Alterung am deutlichsten. Spezielle Cremes haben jedoch ihren Preis, ihr Nutzen bleibt oft umstritten. Reicht die Pflege nicht mehr aus, um die Hautalterung zu verzögern, greifen viele mittlerweile zu anderen Methoden: Spritze und Skalpell sollen dann helfen, sich der Jugend äußerlich wieder zu nähern. Vor allem Frauen stehen unter Druck. Ihre Falten werden hierzulande weit negativer bewertet als die der Männer. Doch auch diese können sich dem »Zwang« zum Jungsein kaum mehr entziehen.

In Indien bedienen sich Menschen nicht nur Cremes und Schönheitsoperationen, um jünger zu wirken. Manche setzen auf die Verjüngungstherapie des Ayurveda. Diese ist schon mindestens 2000 Jahre alt. Ayurveda bedeutet »Wissen vom Leben«. 100 Jahre gelten in den alten Schriften als normale Lebensspanne des Menschen. Doch ungesundes Verhalten und Krankheiten verkürzen sie. Die ayurvedische Verjüngungslehre richtet sich nicht nur an Ältere, sondern auch an Jüngere. Denn wer seinen Körper und seinen Geist schon in frühen Jahren pflegt, kann ihn besser gesund und fit erhalten.

Der Jungbrunnen

Wie viele andere Maler seiner Zeit, beschäftigte sich auch Lucas Cranach der Ältere (1472 – 1553) mit dem Mythos des Jungbrunnens. Mit seinem berühmt gewordenen Gemälde veranschaulichte er die Vorstellung vom Quell ewiger Jugend.

Lucas Cranach der Ältere
1546
Foto: Bildarchiv Preußischer Kulturbesitz
Gemäldegalerie, SMB / Jörg P. Anders

Die Verjüngung des Chyawan

Mythen von einer wundersamen Verjüngung ähneln sich weltweit. Wasser spielt dabei – wie beim Jungbrunnen – oft eine wichtige Rolle. So auch in dieser alten indischen Geschichte. Prinzessin Sukanya war mit dem greisen, blinden Chyawan verheiratet. Die Halbgötter hatten Mitleid mit ihr und verwandelten ihn in einen Jüngling. Dazu musste er ins Wasser steigen und tauchte verjüngt daraus hervor. Auch heute ist die Geschichte noch beliebt, wie dieser Comic zeigt.

Indien
1994
Papier
Privatbesitz
Foto: Eva Winkler / SES

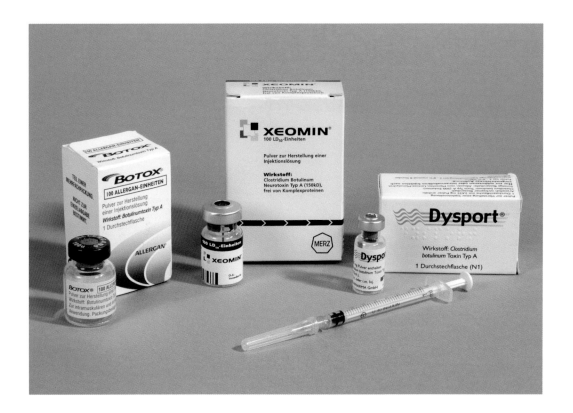

Weniger Falten durch gelähmte Muskeln

Botulinumtoxin ist ein starker Giftstoff, früher häufig gefürchtet als Lebensmittelgift. Heute ist dieser Wirkstoff vor allem unter dem Namen »Botox« bekannt. Auch als »Xeomin« oder »Dysport« ist es im Handel. Es wirkt gegen lang anhaltende Krämpfe oder Schmerzen. Ärztinnen und Ärzte nutzen den Wirkstoff mittlerweile häufig kosmetisch. In Muskel gespritzt, ruft er deren maßvolle Lähmung hervor. Die Wirkung hält jedoch nur wenige Monate an.

Deutschland
2008
Glas, Metall, Gummi, Kunststoff
Foto: Eva Winkler / SES

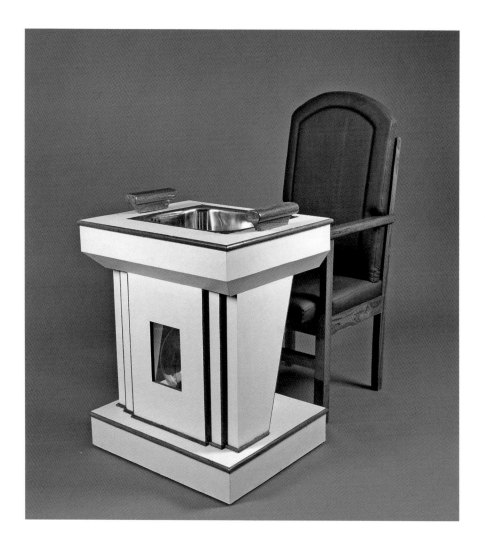

Brechtisch und -stuhl

Klassische ayurvedische Texte beschreiben Wege zur Verjüngung. Der Körper
soll demnach zuerst gereinigt und anschließend gestärkt werden. Teil einer
Verjüngungskur kann Erbrechen sein. Dadurch werden Giftstoffe aus dem Körper
geleitet. Kliniken, wie das Ayurveda Panchakarma Hospital & Research Centre in
Nagpur, nutzen eine solche Ausrüstung. Die Glasscheibe ermöglicht es dem Arzt
oder der Ärztin, die Beschaffenheit des Erbrochenen zu kontrollieren.

Indien
2008
Holz, Kunststoff, Glas
Foto: Eva Winkler / SES

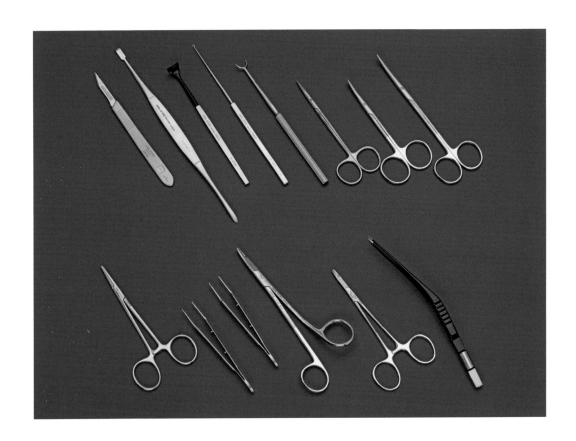

Operationswerkzeuge für die kosmetische Lid-Korrektur
Die kosmetische Augenoperation ist ein sogenannter »verjüngender Eingriff«.
Hierbei beseitigt man Fettgewebe unter den Lidern. Auch wird die Lidhaut
teilweise entfernt. Patientinnen und Patienten wirken dadurch jünger.
Für diese Operation werden feine Pinzetten, Häkchen und verschiedene Scheren
benutzt. Mithilfe einer weiteren Pinzette verödet man geöffnete Blutgefäße
elektrisch.

Deutschland
2008
Edelstahl, Kunststoff
KARL STORZ Endoskope
Foto: Stefan Brunke

Chyawanprash

Chyawanprash soll das wirkungsvollste verjüngende Nahrungsergänzungsmittel sein. Es ist nach dem alten Chyawan, der auf wunderbare Weise wieder zum Jüngling wurde, benannt.
Während einer ayurvedischen Verjüngungskur sollte es eingenommen werden, nachdem der Körper durch verschiedene Schritte gereinigt wurde. Es soll den Körper stärken. Chyawaprash kann aber auch verwendet werden, wenn man den Körper im Alltag kräftigen will.

Indien
2008
Kräutermus, Kunststoff
Foto: Eva Winkler / SES

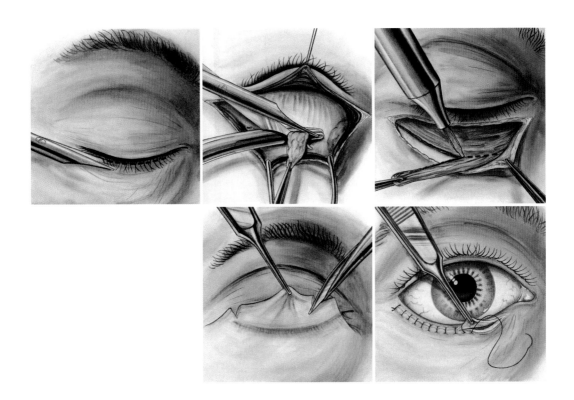

Die kosmetische Unterlid-Korrektur

Bei diesem Eingriff wird mit einem Schnitt am unteren Wimpernrand das
Operationsfeld geöffnet. Gewebe und Fettvorwölbungen werden entfernt.
Um das Blut zu stillen, verödet man offene Blutgefäße mit einer besonderen
Pinzette. Schließlich wird die Haut gestrafft und am Wimpernrand vernäht.
Diese Operation führt man unter Vollnarkose oder in örtlicher Betäubung durch.

1999
Georg Thieme Verlag
Reproduktionen

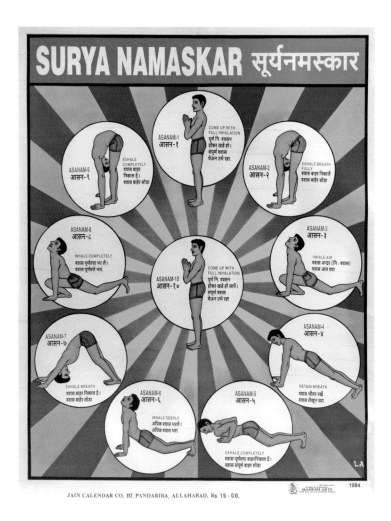

Yogaplakat »Surya Namaskar«
Yoga und Meditation vervollständigen eine ayurvedische Verjüngungskur. Mit ihrer
Hilfe soll der Geist zur Ruhe kommen. Denn Yoga will Körper, Geist und Seele
harmonisieren. Ayurveda und Yoga ergänzen sich, denn sie betrachten den menschlichen Körper auf gleiche Weise: Wenn die Lebensenergien aus dem Gleichge-
wicht geraten, erkrankt der Mensch. Dieses Plakat zeigt den »Sonnengruß«,
eine Grundübung des Yoga. Sie wird hier in Englisch, Hindi und Marathi erklärt.

Indien
Beginn 21. Jahrhundert
laminiertes Papier, Metall
Privatbesitz
Foto: Eva Winkler / SES

»Lebensqualität statt Lifting« – Prävention und Gesundheitsförderung des Ayurveda (Rasayana)

Elmar Stapelfeldt

Mythischer Unsterblichkeitsnektar, mittelalterlicher Jungbrunnen, modernes Anti-Aging – der Traum vom ewigen Leben ist so alt wie die Menschheit. Nur wird sich die Natur immer ihr Recht auf Altern- und Vergehenlassen vorbehalten, denn Sterblichkeit garantiert beständiges Erneuern. Altern ist somit ein biologischer Prozess, an dessen Ende die größte psychologische Herausforderung unseres Lebens steht. Durch die indische Naturheilkunde Ayurveda lässt sich lernen, die Vergänglichkeit anzunehmen. Wichtiger als das Nicht-Altern ist dem Ayurveda, die körperliche und geistige Lebensqualität in jeder Lebensphase zu optimieren. Das Konzept, das Ayurveda zu diesem Zweck entwickelt hat, heißt »Rasayana«.

Das ganzheitlich ausgerichtete Naturheilsystem des Ayurveda ist von der Weltgesundheitsorganisation (WHO) als traditionelle Medizin Indiens anerkannt. Sein systematisches Heilen war als Lehrgebäude bereits vor 2000 Jahren etabliert. Aus der Sanskrit-Sprache übersetzt bedeutet Ayurveda »Wissen vom Leben«. Tatsächlich strebt der Ayurveda mehr als die physische Symptomfreiheit von Patienten und Patientinnen an: Er bemüht sich im Sinne einer Naturphilosophie um die Harmonie von physiologischen, psychischen, sozialen und ökologischen Faktoren. Diese bildet aus Sicht des Ayurveda die Grundlage für natürliche Heilung aus eigener Kraft. Gestörte Harmonie hingegen stellt die Ursache für krankhafte Prozesse dar.

Die Ayurveda-Medizin bietet weit mehr als die aus dem Wellness-Sektor bekannten Ölmassagen. Mit ihrer breit gefächerten Therapiepalette stellt sie ein komplexes Naturheilkundesystem dar. Hervorzuheben sind Ernährungs- und Ordnungstherapie, Pflanzenheilkunde, Ausleitungsverfahren und Manualtherapie sowie Techniken zur Entspannung und emotionalen Harmonisierung. Die individuelle Kombination dieser vergleichsweise sanften Maßnahmen hat sich bei chronischen Erkrankungen und funktionellen Störungen mit psychischer Komponente bewährt. Dabei weist sie relativ geringe Nebenwirkungen auf.

Heutzutage werden nach Angaben der WHO 65 % der indischen Bevölkerung vorrangig durch Ayurveda gesundheitlich versorgt. Dies trifft vor allem für die auf dem Land lebende Bevölkerung zu, welche die traditionellen Heilweisen in ihren Alltag integriert hat. Bei chronischen Erkrankungen können sie sich die Schulmedizin nicht leisten. Zudem herrscht in Indien auf dem Land ein Mangel an schulmedizinisch ausgebildeten Ärzten und Ärztinnen. Für die westlich

Gewürze
wie Kardamom, Pippali und Safran regen die Verdauung an und tragen
dadurch dazu bei, den Körper auf eine Verjüngungskur vorzubereiten.
2008, Foto: Eva Winkler / SES

orientierte Stadtbevölkerung hingegen gilt Ayurveda meist als antiquiert und
unangenehm, sodass dort generell die Schulmedizin bevorzugt wird. Allerdings
führt der Boom von Ayurveda in der westlichen Welt dazu, dass in Indien vor
allem ayurvedische Wellness-Hotels in den Küstenregionen errichtet werden.
Nationalistisch geprägte Bemühungen, indische Kulturgüter wieder zu beleben,
führen im Land selbst zu Veränderungen der Ayurveda-Klientel.

Zwei gleichwertige Ziele formuliert die Caraka-Samhita – der älteste und bedeutendste Text des Ayurveda – für die Medizin: »Gesundheit erhalten und fördern sowie Krankheiten beseitigen«. So widmen sich zwei der acht Teilbereiche der Ayurveda-Therapie der Gesundheitsförderung: *Rasayana* strebt ein gesundes, glückliches, jugendliches und möglichst langes Leben der gegenwärtigen Generation an; *Vaji-Karana* soll das Gleiche für kommende Generationen verwirklichen, indem bereits vor der Zeugung die Qualität der elterlichen Keimzellen verbessert wird. Im Ayurveda lassen sich mit diesen beiden Therapie-Ansätzen die Mobilität, der Energie- und Abwehrstatus, die Leistungs- und Genussfähigkeit, die Ausgeglichenheit und die innere Zufriedenheit des Menschen fördern. Durch diese »Verjüngung« des biologischen Alters können neben dem Vorbeugen von Erkrankungen vorzeitige Alterungsprozesse auf körperlicher und psychischer Ebene verzögert, aufgehalten oder gar umgekehrt werden.

Oft wird *Rasayana* mit zauberhaften Verjüngungsmedikamenten gleichgesetzt. Die klassische Definition von *Rasayana* jedoch lautet: »Diejenigen Mittel (und Maßnahmen), die zu einem optimalen Zustand der Gewebe führen.« Die *Rasayana*-Wissenschaft dreht sich also um den Funktions- und Nährzustand aller Gewebe. Diese gelten im Ayurveda einerseits als die materiellen Grundeinheiten des Körpers, andererseits tragen sie auch geistige Funktionen. Somit wäre eine gute Übersetzung von *Rasayana*: »Geweberegeneration«.

Tatsächlich handelt es sich bei *Rasayana* um ein umfassendes Konzept, das verschiedene ayurvedische Verfahren miteinander vereint. Heilpflanzen, Massagen, Entschlackungsverfahren, Entspannungstechniken, ja selbst psychische und spirituelle Methoden stehen Ayurveda-Ärzten und -Ärztinnen hierfür zur Verfügung. Meist wird eine therapeutische *Rasayana*-Behandlung in Form von Kuren durchgeführt. Doch den größten Beitrag leistet der Einzelne selbst – im Alltag. Durch die richtige Ernährung und Lebensführung nimmt er seine Gesundheit in die eigenen Hände.

Idealerweise beginnt man eine *Rasayana*-Behandlung mit einer Stoffwechselkorrektur und einer inneren Ausleitung. Dadurch werden verschiedene Schlacken- und Giftstoffe aus dem Körper beseitigt. Bei gesunden, kräftigen Personen wird eine intensive Ausleitung bevorzugt, die mehrere Wochen dauert und nur stationär durchgeführt wird. Sie besteht aus verschiedenen manualtherapeutischen Anwendungen (besonders Ölmassagen und Dampfbädern) und klassischen Ausleitungsverfahren (Ausleitung über die Nasenöffnungen, verschiedene Einläufe, Abführtherapie und in besonderen Fällen sogar Erbrechenstherapie und Aderlässe). Im Altertum wurden zu diesem Zweck an ruhigen Orten Hütten mit ineinander verschachtelten Räumen errichtet, um den Patienten frei von schädlichen Einflüssen in Klausur versetzen zu können. Sollte eine längere stationäre Behandlung nicht möglich sein, so wird die ambulante Form von *Rasayana* angewendet, die sich auf ausgewählte Aktivitäten, Ernährung und Heilkräuter beschränkt.

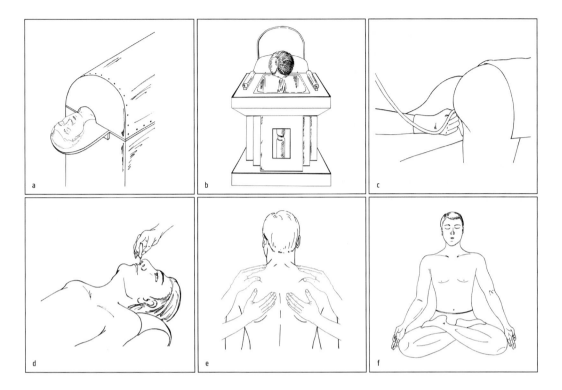

Ausgewählte Schritte einer umfassenden ayurvedischen Verjüngungskur

a | Dampfbäder sollen helfen, die gelösten Schlacken aus dem Körper
   zu transportieren und so den Körper zu reinigen.
b | Die Brechtherapie leitet weitere Giftstoffe aus dem Körper.
c | Darmeinläufe aus verschiedenen Kräutern unterstützen
   die Reinigung des Körpers.
d | Spezielle Nasentropfen führen zu starkem Niesen.
e | Ölmassagen sollen den Körper reinigen, bevor er gestärkt wird.
f | Yoga und Meditation vervollständigen die Verjüngungskur.
   Mit ihrer Hilfe soll der Geist zur Ruhe kommen.

Zeichnungen: Sylvia Pereira / SES

Obwohl *Rasayana* klassischerweise ein Kurkonzept ist, wird im Ayurveda auch eine Gruppe von Pflanzen als *Rasayana* bezeichnet. Diese runden die Behandlung ab und werden nach einer Kur über einen langen Zeitraum eingenommen. Sie wirken generell regenerierend auf sämtliche Gewebe. Als bestes kräftigendes und belebendes *Rasayana* bezeichnen die Klassiker ein fruchtig-würziges Konfekt (Cyavanprasha), dessen Grundlage die Amla-Frucht (Emblica officinalis) und Rohrzucker bildet, das aber noch etwa 50 weitere Pflanzen enthält. Die Amla-Frucht ist das berühmteste Einzel-*Rasayana*. Besonders fördert sie die Funktion und Struktur von Augen, Haaren, Herz, Leber und Verdauungstrakt. Cyavanaprasha wird als tägliches *Rasayana* mit warmer Milch empfohlen. Auch Nahrungsmitteln wird *Rasayana*-Wirkung zugeschrieben, wie zum Beispiel geklärter Butter (Ghii), Honig und warmer Milch. Als Gewürze seien hier besonders Safran und Kalmus, als Tee Süßholz genannt. Allerdings existieren auch Heilpflanzen-*Rasayanas* mit besonderen Beziehungen zu einzelnen Geweben. Selbst für kosmetische Zwecke werden *Rasayanas* beschrieben.

Ein wichtiger Aspekt von *Rasayana* wird jedoch oft vernachlässigt; manche bezeichnen ihn sogar als Grundvoraussetzung für die erfolgreiche Wirkung von *Rasayana* überhaupt – nämlich das »*Rasayana* des rechten Lebenswandels«, also ethisches Verhalten. Alle großen Religionen und spirituellen Traditionen empfehlen, die Psyche durch ethischen Lebenswandel ›rein‹ zu halten. Der Geist wird dadurch gestärkt, psychische Anspannungen reduziert und inneres Glück entfaltet sich. Und dass der psychische Zustand auf die Gesundheit Einfluss nimmt, ist hinreichend bekannt. Im Rahmen des *Rasayana*-Konzepts unterstützt eine ›reine‹ Psyche die *Rasayana*-Behandlung in ihrer Wirkung.

Ethik und Spiritualität stabilisieren Geist und Psyche bei der Begegnung mit den Herausforderungen des Lebens. Die Ayurveda-Texte behaupten, dass selbst Altern und Sterben sich hierdurch überwinden lassen. Ist also mit dem philosophischen Grundansatz des Ayurveda doch ein ewiges Leben möglich? Das *Rasayana*-Konzept lädt uns ein, dies selbst auszuprobieren.

Der Indologe und Heilpraktiker **Elmar Stapelfeldt** wurde 1968 geboren. In Wien lebend, leitet er einen Master-Studiengang an der Europäischen Akademie für Ayurveda bei Frankfurt und führt eine Ayurveda-Praxis.

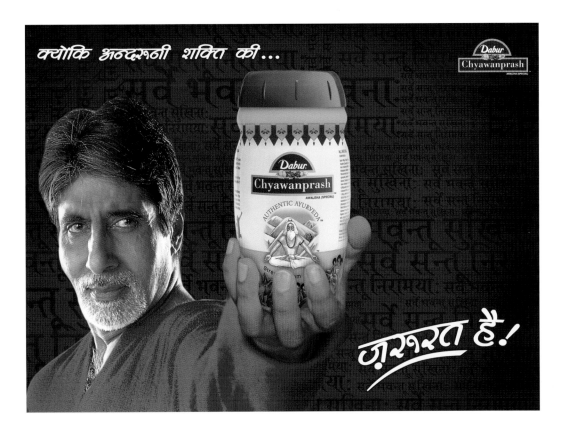

»Weil innere Kraft notwendig ist!«
Werbung für Chyawanprash mit dem Bollywood-Star Amitabh Bachchan

Indien
2008
Dabur India Limited, Ghaziabad
Reproduktion

Gesichter des Alters

Wie gestalten ältere Menschen hierzulande ihr Leben? Und was sagen sie über das Alter und das Älterwerden?

In Filminterviews, die in der Ausstellung gezeigt werden, geben uns Menschen zwischen 60 und 88 Jahren Einblicke in ihr Leben. Sie erzählen, wie sie zu dem wurden, was sie heute sind. Sie beschreiben aber auch, wie sie sich aktuell fühlen, wie sie sich engagieren, wohnen und arbeiten. Sie reden über ihre Partnerschaften, ihre Hoffnungen und Ängste. Jeder von ihnen hat einzigartige Ansichten und Fähigkeiten, die sich aus seiner ganz eigenen Lebensgeschichte ergeben. Denn in keiner anderen Lebensphase sind die Unterschiede zwischen den Menschen so groß wie im Alter – sowohl körperlich als auch im Lebensstil.

Alter hat viele, ganz unterschiedliche Gesichter.

»Alter ist die einzige Gerechtigkeit auf Erden.«

Angelika R., 60 Jahre, Leipzig

Angelika R. ist seit Juli 2007 in Frührente. Sie hat erst einmal nachgerechnet, ob sie ihren Lebensstandard halten kann, bevor sie sich zu diesem Schritt entschloss. Frau R. ist vielseitig interessiert. Sie ist ehrenamtlich aktiv und hat einen großen Freundeskreis. Mehrmals wöchentlich besucht sie ihre schwer kranke Mutter im Pflegeheim.

Der Tod ihres Mannes vor acht Jahren war ein Tiefpunkt in ihrem Leben. Auch die Tatsache, dass sie keine Kinder hat, nimmt Angelika R. als »schmerzhaften Verlust« wahr.

»...Vergessen? Entweder es kommt wieder oder es war nicht wichtig!«

Werner Thomas A., 88 Jahre, Berlin

Werner Thomas A. ist zurückgekehrt in seine Geburtsstadt. Der Sohn jüdischer Eltern floh 1937 vor den Nationalsozialisten. Nach fast 50 Jahren in den USA kam er 1988 wieder zurück: »Ich wollte ein Jahr in Berlin bleiben und jetzt sind es 20 geworden.«

Seine Kinder sind Herrn A. sehr wichtig. Diese leben zwar in den USA und das Fliegen fällt ihm zunehmend schwer. Dennoch fühlt er sich auch in Berlin wohl. Herr A. hat einen großen Freundeskreis. Allerdings macht ihm der Tod gleichaltriger Freunde zu schaffen.

»Das war früher normal, dass man gesund war.«

Erika F., 77 Jahre, und Hinrich S., 76 Jahre, Hamburg

Beide waren lange verheiratet, beide sind verwitwet. Erst seit einigen Jahren sind sie ein Paar. Und sie verstehen sich hervorragend, wie Hinrich S. betont: »Wunderbare Harmonie. Als ob wir 50 Jahre verheiratet wären!«

Erika F. und Hinrich S. fühlen sich einander verpflichtet. Daher wollen sie auch dann füreinander einstehen, wenn es ihnen gesundheitlich nicht mehr so gut gehen sollte wie heute. Sie werden »nicht nur die guten Tage, sondern auch die schlechten« miteinander teilen, betont Frau F.

»Wenn's mir ein bisschen besser geht, möchte ich natürlich noch mal irgendwohin fahren.«

Roselore F., 75 Jahre, Eberswalde

Die Tochter eines Rittergutsbesitzers stammt aus Polen. Ihre Kindheit hat sie in bester Erinnerung: Sie bekam Reitstunden und Klavierunterricht, »so wie es bei höheren Töchtern üblich war«. 1945 fand die idyllische Jugend jedoch ein jähes Ende: Ihr Vater starb, die Mutter floh vor der nahenden Front und landete in Eberswalde.

Gesundheitlich geht es Frau F. »nicht so gut«. Ihr Gesundheitszustand beschäftigt sie zwar, doch ihre positive Lebenseinstellung lässt sich Frau F. davon nicht nehmen.

»Ich fühle mich nicht alt!«

Gisela T., 81 Jahre, und Rolf R., 86 Jahre, Leipzig

Gisela T. und Rolf R. lernten sich erst vor anderthalb Jahren kennen. Das Tanzen hält die beiden jung und bei Laune: »Da tun Ihnen dann keine Gelenke weh, die lockern sich alle schön...«

Frau T. lebt seit Jahren in einer Seniorenresidenz. Allerdings nimmt sie keinerlei Betreuung in Anspruch und versorgt sich – und zuweilen auch Herrn R. – selbst. So gut wie im Alter sei es ihr noch nie gegangen, sagt sie. Und auch Herr R. kann nicht klagen und schaut optimistisch in die Zukunft.

»Ich bin kein Jugendwahn-Mensch.«

Klaus-Dieter D., 62 Jahre, Halle

Klaus-Dieter D. hat gar keine Zeit alt zu werden. Er hat fünf Berufe gelernt, machte mit 50 sein Pädagogik-Diplom. Zudem engagiert er sich seit Jahrzehnten in der Sozialarbeit und ist in der Schwulenbewegung aktiv. Klaus-Dieter D. bekennt sich heute offen zu seiner Homosexualität. Das war nicht immer so.

Herr D. wünscht sich hierzulande allgemein mehr Achtung vor alten Menschen. Wer alt sei, so sagt er, den solle man auch so benennen und würdevoll behandeln.

»Zehn Minuten lachen ersetzen ein Ei!«

Ingeborg K., 87 Jahre, Berlin

Ingeborg K. ist topfit – und stellt dies mit ein paar Hantelübungen unter Beweis. »Sport war und ist mein Leben«, sagt die 87-Jährige. Bis vor zwei Jahren hat sie noch eine Seniorensportgruppe geleitet.

Frau K. hat ihren Humor nicht verloren, auch wenn sie merkt, dass Sie älter wird: »Mit jugendlichem Alter stellen sich die verschiedenen Gebrechen ein. Stecke ich aber ein.« Das künstliche Kniegelenk, das sie vor Jahren hätte bekommen sollen, hat sie bei ihrem Arzt in der Vitrine stehen lassen.

»Als die 50 kam, hab ich gedacht:
›Jetzt bist du alt‹ – ich war aber nicht alt!«

Gerald W., 63 Jahre, Leipzig

Gerald W. ist selbst gespannt, wann er sich »alt« fühlen wird. Momentan ist er auf der Suche nach einer neuen Arbeitsstelle. Er befindet sich in einer ungewissen Übergangsphase zwischen Arbeitslosigkeit und Renteneintritt. Sein Alltag füllt ihn nicht aus. Nun überlegt er sich, ehrenamtlich aktiv zu werden.

Nach einer Routineuntersuchung vor einiger Zeit lautete die Diagnose: Krebs. Doch Herr W. stellt sich seiner Krankheit, er bleibt zuversichtlich. Er hat sich vorgenommen, das Leben bewusster zu leben.

»Ich bereue nichts von all den Sachen, die ich gemacht habe!«

Ulla K., 81 Jahre, Hamburg

Die ehemalige Sozialpädagogin singt seit über 50 Jahren in mehreren Chören. Singen trägt ihrer Meinung nach dazu bei, dass sie sich im Alter noch immer recht wohl fühlt.

Frau K. ist eine unkonventionelle Seniorin, das sehen auch ihre beiden Kinder so. An ihrer Neugierde und ihrer Offenheit dem Leben gegenüber hat sich bis heute nichts geändert. Erst seit wenigen Jahren hat sie keine erotischen Beziehungen mehr. »Ich denke dann immer, ich bin nicht mehr schön genug.«

»Ich möchte für meine Kinder keine Schwierigkeiten, ich möchte ins Altersheim.«

Türkan Y., 62 Jahre, Berlin

1970 kam Türkan Y. aus der Türkei nach Berlin, um sich dort mit ihrem Mann eine Existenz aufzubauen. Ihr Leben in Deutschland war über Jahrzehnte bestimmt von Arbeit und von ihrer Familie. Krankheitsbedingt musste sie vor einigen Jahren Frührente beantragen. Doch Ruhestand ist nichts für sie: »Zu Hause muss ich immer zu tun haben«, sagt sie.

Frau Y. und ihr Mann fühlen sich in der Türkei und in Deutschland wohl. Da sie in beiden Ländern Familie haben, pendeln sie häufig hin und her.

»Ich bin froh, dass ich alt bin und nicht mehr jung.«

Ingeborg L., 83 Jahre, und Werner L., 81 Jahre, Eberswalde

Ingeborg und Werner L. wurden um eine unbeschwerte Jugend vom National-sozialismus betrogen. Hoffnungsvoll erlebten sie sowohl die Gründung der DDR als auch deren späteren Niedergang.

Das Ehepaar L. ist seit 58 Jahren verheiratet – ihre Ehe gibt beiden Kraft, um ihr Leben zu gestalten und auch schwere Schicksalsschläge zu meistern. So antworten beide auf die Frage, ob sie denn nach so langer Zeit noch immer verliebt seien, ohne zu zögern mit »Ja!«

Fotos und Textvorlagen: Martin Gruber und Michaela Schäuble

FaltenReich – Grundriss der Ausstellung

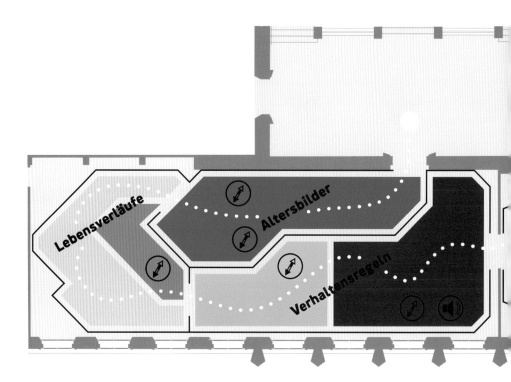

Stoffbahnen in Raumhöhe definieren in den drei aufeinander folgenden Ausstellungsräumen einen mäanderartigen Weg, der Besucher und Besucherinnen an den verschiedenen Themenabschnitten entlangführt. Jeder vorgestellten Gesellschaft wurde eine Farbe zugewiesen. Dies lässt das Älterwerden mit seinen verschiedenen Facetten vor einer optisch lebendigen Kulisse erscheinen.

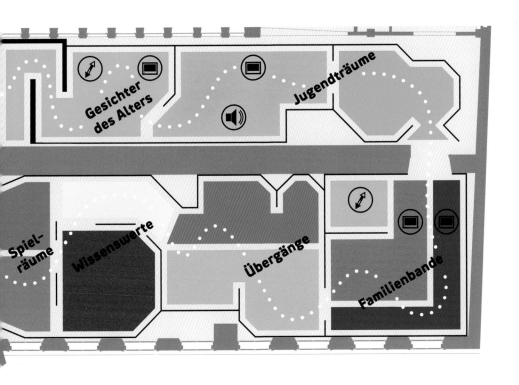

Gesichter
des Alters

Jugendträume

Spiel-
räume

Wissenswerte

Übergänge

Familienbande

Grafik: Gourdin & Müller

Dem Älterwerden ein Gesicht geben

Katy Müller, Nathanaël Gourdin und Alexander Müller

Der Begriff Älterwerden scheint auf den ersten Blick einfach zu deuten. Doch nach einer intensiven Auseinandersetzung mit der Frage des Alterns zeigt sich, wie schwierig es ist, eine eindeutige Definition zu formulieren. Veränderungen am eigenen Körper und in der Umgebung erfahren, auch das heißt Älterwerden. Beginnend mit der Geburt, finden Veränderungen bei jedem Menschen statt, die ihn wortwörtlich im Alltag mehr oder weniger bewusst begleiten. Aber dabei gilt es zu berücksichtigen, dass jedes Individuum anders auf diesen Alterungs- prozess reagiert.

Doch wie kann man diesen immerwährenden Veränderungsverlauf darstellen und wie wird Alter in der Gesellschaft bisher erlebt und dargestellt? Wer ist schon alt oder noch jung?

Der Ausstellungstitel »FaltenReich« bezieht sich nicht zuletzt auf die äußeren Veränderungen, die unsere Haut in ihrer Erscheinung von den ersten Lebens- stunden an erfährt. Gleich einer lebenden Hülle wird das Material Stoff für die Ausstellungsgestaltung als Sinnbild für diese Erscheinung und den Prozess verwendet. Stoff lässt Assoziationen hinsichtlich Lebendigkeit, Transparenz, Leichtigkeit, Licht und Schatten zu. Durch Luft in Bewegung versetzt, wird er zur Metapher des Atems; Form und Materialität ähneln der Haut.

Genau so generationsübergreifend wie die Thematik sollte die Ausstellungs- gestaltung sein: einerseits gezielt auf ein jüngeres Publikum eingehend, andererseits die auch dem Alter zugeschriebenen Anforderungen auf Barriere- freiheit berücksichtigend.

Das Älterwerden schrittweise erleben

Stoffbahnen in Raumhöhe definieren in den drei aufeinander folgenden Ausstel- lungsräumen einen mäanderartigen Weg, der den Besucher und Besucherinnen an den verschiedenen Themen- beziehungsweise Lebensabschnitten entlang- führt. Dabei zeigen vis-à-vis-Situationen Parallelen und Unterschiede zwischen den Kulturen auf.

Das textile Material dient sowohl der räumlichen Strukturierung als auch der angemessenen Präsentation von Texten und Abbildungen und ermöglicht eine abwechslungsreiche Raumdramaturgie. Portalsituationen aus weißen Fahnen leiten in jedes Thema ein und geben der Ausstellung in Verbindung mit den wechselnden Farben einen Rhythmus. Diagonal auf dem Stoff angeordnete Fragestellungen, Zitate, Vorurteile und Meinungsbilder sind als persönliche Aufforderungen an die Besucher und Besucherinnen gerichtet und markieren neben Aktionsmöbeln, Audio- und Videostationen den interaktiven Teil der Ausstellung.

Jeder vorgestellten Kultur wurde eine Farbe zugewiesen. Dies lässt das Älter- werden mit seinen verschiedenen Facetten vor einer optisch lebendigen Kulisse erscheinen. Die Räume bieten in vielen Situationen einen Perspektivwechsel, der insbesondere durch die wechselnden Themenfarben verstärkt wird. Punktuelle Lichtakzente als Teile der Gesamtinszenierung verleihen den jeweiligen Themen eine charakteristische Atmosphäre. Auf strenge konservatorische Anforderungen wurde dabei Rücksicht genommen.

Den Abschluss der Ausstellung bildet eine Spiegelfläche, die die Besucher und Besucherinnen zum Nachdenken über ihr gefühltes Alter und dessen Abbild animieren möchte. Damit soll abschließend an die persönliche Erfahrung des Älterwerdens erinnert werden.

Gourdin & Müller wurde 2003 gegründet. Ausstellungsgestaltung gehört zu den Schwerpunkten des in Leipzig ansässigen Designbüros. Die Gesamtplanung der Ausstellung FaltenReich erfolgte in Zusammenarbeit mit Antje Kolm und büro international berlin, Alexander Müller.

**Unser Dank für Unterstützung
und wissenschaftliche Beratung gilt:**

Allahabad / Indien
D. K. Gupta

Berlin
Li Jie
Dr. Hartmut Schnitger

Biedenkopf
Dr. Angelika Gebhart-Sayer

Bonn
Julia Haun
Dr. Ernst Hoffmann
Sonnhild Schretzmann

Chemnitz
Dr. Norman Bitterlich
Dr. Rainer Gebhardt

Dresden
Dr. Vera Bamler
Prof. Dr. Roland Biewald
Beate und Mario Hoffmann
Prof. Dr. Vjera Holthoff
Dr. Hannes Seidler

Frankfurt am Main
Mone Spindler
Dr. Mona Suhrbier

Halle an der Saale
Prof. Dr. Alfred Schäfer

Hannover
Dr. Katja Kollewe
Andreas Niesel

Heidelberg
Gayatri Puranik

Karlsruhe
Joachim Wossidlo

Leipzig
Monika Böer
Götz Hosang
IFTEC GmbH & Co. KG
Prof. Dr. Catharina Kiehnle
Elisa Fett, Jan Zimmermann und
weitere Studierende am Institut
für Indologie und Zentralasienwissen-
schaften der Universität Leipzig

Ludwigsburg
Dr. Hedwig Gupta

Nadiad / Indien
Dr. S. N. Gupta

Osnabrück
Michael Bünte

Rödinghausen
Dr. Ingo Nentwig

Schwaz / Österreich
Gert Chesi

Tübingen
Dr. Volker Harms

Wien / Österreich
Elmar Stapelfeldt

**Unser Dank gilt außerdem den Kooperationspartnern
für das Begleitprogramm zur Ausstellung:**

Catamaran – Künstler für Schulen
Cinémathèque Leipzig e. V.
Kulturwerkstatt KAOS, ein Projekt für Kinder- und Jugendkultur
der Kindervereinigung Leipzig e. V.
Leipzig Details
Leipziger Verkehrsbetriebe GmbH
Theater der Jungen Welt
Universität Leipzig, Studium universale
Volkshochschule Leipzig

Wir danken besonders herzlich all denjenigen Menschen,
die sich für Interviews, Film- und Fotoaufnahmen
zur Verfügung gestellt haben.

Leihgeber- und Abbildungsverzeichnis

Annaberg-Buchholz
Adam-Ries-Bund e. V.

Bechhofen
Hans-Rainer Preiss

Berlin
Bildarchiv Preußischer Kulturbesitz
Deutsche Rentenversicherung Bund
Andrea Fendler
Leberecht Funk
Klaus Meier
Michaela Schäuble

Biedenkopf
Dr. Angelika Gebhart-Sayer

Burghausen
Rupprecht Mayer und
Haitang Mayer-Liem

Chemnitz
Harry Härtel

Dresden
Ulrike Filbrandt
Martina Flath
Meike Griese
Horst und Karin Helmert
Stadt Dresden,
Zentrale Pass- und Meldestelle
Katrin Meixner
Holger Stork
Sabine Wohlfahrt

Düsseldorf
Hill-Rom GmbH

Durban / Südafrika
Muthande Society
for the Aged

Eberswalde
Roselore Fendler

Essen
Christoph & Friends / Das Fotoarchiv
Henning Christoph, Soul of Africa
Museum

Flensburg
Karin Jahnke
Hans J. Christoph Mahnke

Frankenberg an der Eder
Margrit Heinze

Frankfurt am Main
Deutsche Stiftung Organ-
transplantation
dpa Picture-Alliance
Josef Kirchmayer
Museum der Weltkulturen

Ghaziabad / Indien
Dabur India Limited

Gröbenzell
Werner Tiki Küstenmacher

Halle an der Saale
Prof. Dr. Alfred Schäfer

Hamburg
Erika Fock
Martin Gruber
Museum für Völkerkunde

Hannover
Dr. Johann Borwin Lüth
Medizinische Hochschule Hannover

Heidelberg
Aashwamedh Ayurvedische Produkte

Innsbruck / Österreich
Frederik Kesting

Karlsruhe
Joachim Wossidlo

Kiel
Dr. Jens Widmer

Lage
Hans-Peter Grumpe

Leipzig
Andrea Hänsel
Prof. Dr. Catharina Kiehnle
Stadt Leipzig,
Amt für Statistik und Wahlen
Universitätsklinikum Leipzig

London / Großbritannien
Paola Piglia

Osnabrück
Christoph Gödan

Saarbrücken
Meyer-Hentschel Institut

Sankt Augustin
Sprösslinge

Shanghai / China
Imaginechina Photo Agency

Stuttgart
Georg Thieme Verlag

Tübingen
Sammlung des Instituts
für Ethnologie der
Universität Tübingen

Tuttlingen
KARL STORZ Endoskope

Wilhelmshaven
Ursula Plote

Wenn nicht anders vermerkt,
liegen die Rechte für die Abbildungen
bei den Leihgebern.

GRASSI Museum für Völkerkunde zu Leipzig
Staatliche Ethnographische Sammlungen Sachsen

Johannisplatz 5 – 11, 04103 Leipzig
Telefon +49 341 97319-00
Telefax +49 341 97319-09
mvl-grassimuseum@ses.smwk.sachsen.de
www.ses-sachsen.de
www.faltenreich-ausstellung.de